고추장, 책으로 세상을 말하다

고추장, 책으로 세상을 말하다

초판 1쇄 발행 _ 2007년 1월 30일
초판 7쇄 발행 _ 2015년 9월 30일

지은이 고병권
펴낸이 임성안 | **펴낸곳** (주)그린비출판사 | **등록번호** 제313-1990-32호
주소 서울 마포구 동교로17길 7, 4층(서교동, 은혜빌딩) | **전화** 02-702-2717 | **이메일** editor@greenbee.co.kr

ISBN 978-89-7682-971-9 03300

나를 바꾸는 책, 세상을 바꾸는 책 www.greenbee.co.kr

고추장,
책으로 세상을
말하다

고병권 지음

gB
그린비

고추장의 '고추장' 이야기

1. 고추장과 꼬추장

웬 고추장? 고개를 갸웃할 분들께 먼저 고추장 이야기부터 해야 할 듯 싶다. 책 제목의 고추장은 된장과 더불어 한국 음식 맛을 살려온 그런 장(醬)이 아니다. 고추장은 연구실(연구공간 수유+너머) 사람들이 나를 부르는 말이다. 내가 '고'(高)씨이고, 연구실 내 직책이 '추장'(酋長)이다 보니, 고추장이 된 것이다. 내가 고추장으로 불리는 탓에 진짜(?) 고추장을 언급할 때 다소 혼선이 일어난다. 우리 연구실은 연구공동체이기도 하지만 밥을 지어 먹는 생활공동체이기도 한 탓에, 실제로 고추장을 언급해야 할 일이 많다. 대강의 약속은 먹는 고추장을 '꼬추장'으로 부르는 것이다.

이런 약속을 잊거나 모르는 사람들이 간혹 실수를 저지른다. 지난달에도 해프닝이 있었다. 연구실 카페에서 신문을 보고 있는데, 세미나를 준비하던 두 사람이 박장대소를 하며 내게 뛰어왔다. 그들은 김이 모락모락 나는 호빵과 새빨간 '꼬추장'이 담긴 접시를 들고 있었다. "이거 좀 봐요, 고추장! 깔깔깔~" 영문을 몰라 눈만 깜박거리고 있는데, 두 사람 뒤에 뺨이 붉어진 카페지기가 서 있었다.

사건의 전말은 이렇다. 세미나를 준비하던 두 사람은 세미나에 사용될 간식인 호빵을 나누다가 신문을 보는 나를 봤다. 이들은 카페지기를 불러 빵을 내밀며 이렇게 말했다. "고추장 갖다 줘!" 비교적 최근에 들어온 카페지기는 호빵에 고추장을 찾는 이유를 알 수 없어 고개를 갸웃거리면서도, 주방으로 뛰어가서 호빵 옆에 '꼬추장'을 정성껏 담았던 것이다. 어떻든 그날 하루는 그 이야기로 여기저기서 웃음소리가 났다.

우리는 '대표'(代表, representative)라는 말을 싫어 한다. 누가 누군가를 대표할 수도 없을 뿐만 아니라 대표해서도 안 된다는 게 우리 생각이다. 연구실의 모든 모임들은 자신을 '표현'할 뿐이고, 그것들이 모여 다시 연구실을 '표현'한다. 모임과 활동을 조정하는 사람도 있고, 누구보다 좋은 눈으로 연구실 곳곳의 문제들을 잘 발견하는 사람도 있지만, 그 사람이 누구를 대신하거나 어떤 활동을 대표하는 건 아니다.

사실 '대표'라는 말은 그 자체로 권력 냄새가 난다. 보통 우리는 외국어 'representation'을 표상(철학), 재현(예술), 대의(정치) 등으로 옮긴다. 이 말들은 모두 실존에 개입하는 어떤 이중작용을 가리키고 있다. 글자를 그대로 풀자면, '현전하는 것'(present)을 '다시(re-) 나타낸다'는 뜻이다. 우리가 어떤 사물을 '사과'라고 부를 때, 그 사물은 그 자체로 나타난 것이 아니라, 우리에 의해 '사과'라는 말로 다시 나타난 것이다. 권력이 작동할 여지가 여기서 생긴다. 실존하는 모든 것들이 사실은 재현된 것이라 할 때, 즉 그 자체로 나타난 것이 아니라 다른 무언가로 대신 나타난 것이라 할 때, 이 재현 과정에 권력이 개입한다.

우리 정치 이야기를 하면 쉬울 것이다. 선거 때만 되면 국민의 뜻을 대신하겠다는 정치인들이 넘쳐난다. 국회의원들은 대부분 국민의 심부름꾼, 머슴임을 자임한 사람들이다. 도대체 왜 그들은 '머슴'이 되고 싶어 안달일까. 누구나 알고 있듯이 실제로는 그들이 '머슴'이 아니기 때문이다. 철학자들의 말투를 흉내내자면 이렇다. '실존하는 것은 표상된 것'이라는 말을 뒤집으면 '표상되지 않으면 실존할 수 없다'는 말이 된다. 즉 국회의원들이 대의하지 않은 국민의 뜻은 '있어도' '없는 것'과 마찬가지라는 말이다. 이런 게 권력이다. 결국 의원 바짓가랑이라도 잡아야 대의라는 게 되는 것이다.

2. 고추장의 내력

우리 연구실에는 오랫동안 대표든, 추장이든 해당 직책이 없었다. 사람들이 그렇게 많지 않았을 때는 밥 먹을 때 서로 이야기하면 그만이고, 사람들이 제법 많아졌을 때도 각 활동을 주도하는 사람들——연구실에서는 그들을 매니저라고 부른다——이 그 활동에 참여한 사람들의 지혜와 열정을 모으면 그만이었다. 그런데 살림규모도 커지고 대외 활동도 많아지면서, 연구실 여러 활동들을 조율하고 회원들이 함께 토론하는 장을 이끌어갈 사람이 필요하게 되었다. 그래서 2년 전쯤 내가 지금 맡고 있는 직책이 생겨났다.

직책을 만들고 보니 이름을 정해야겠는데 '대표'란 말에는 알레르기가 있고, 뭔가 새 이름을 찾아야 했다. 그러던 차에 우연한 기회로 운문사를 찾은 일이 있었다. 새 이름에 골몰하던 때라 산책 중 스님께 여쭈었다. "스님, 절에서는 대표를 어떻게 부릅니까?" 주지, 유나, 입승, 열중 등 절의 여러 직책과 이름에 담긴 뜻을 그때 들을 수 있었다. 그런데 그 중에서 속된 말로 가장 필이 꽂힌 건 '열중'(悅衆)이었다. '대중을 기쁘게 하는 사람', 이보다 더 필요한 뜻이 있을까 싶었다. 연구실 일이야 실제 활동을 하는 사람들이 주도하는 것이고, 내가 뭔가를 하고 싶다면, 그것은 사람들을 한 번이라도 더 웃음 짓게 하는 것이라는 생각이 들었다.

하지만 '열중'이라는 말을 곧바로 사용하기는 어려웠다. 내가 '고'씨인 까닭에 '고열중'이 될 텐데, 어디 아프거나 화가 많이 난 것처럼 보이지 않을까. 문제는 의외로 쉽게 풀렸다. 연구실 사람들이 모두 인디언에 관한 책을 읽은 적이 있다. 그후로 스스로를 '곰족'이라 지칭하는 회원들이 일부 생겨나고 꽤 득세했다. 회원들이 스스로를 부족이라 한다면 내 직책에 맞는 이름은 추장이 아닐까. 게다가 내 성 때문에 '고추장'이 되니, 사람들이 나를 부를 때 먼저 웃게 되지 않을까. 이것이 고추장이라는 이름의 내력이다.

실제로 뭔가 할 말이 있어 나를 찾는 회원들은 고추장이라고 부르는 순간 웃음을 머금는다. 사실 더 좋은 건 고추장인 나 자신이다. 사람들은 모르겠지만, 내가 보는 그들의 얼굴엔 항상 웃음이 있으니, 나까지 덩달아 기분이 좋아진다. '내 이름으로 사람들이 한 번 더 웃을 수 있다면' 하는 소박한 심정에서 지은 이름이지만, 이름 때문에 제일 많이 웃게 되는 건 나 자신이다. 영문을 몰라도 일단은 웃고 시작하는 것이다.

3. 왕따 — '왕'을 '따' 시키다

한 3년 전부터 몇몇 매체에 짧은 글들을 쓰게 됐다. 삶이나 독서나 한참 연륜이 모자라지만 여기저기 다듬어지지 않은 생각을 많이도 썼다. 그런데 이런저런 글을 쓰면서 갖게 된 생각 중 하나는 우리 사회에서 대표들의 군림이 지나치다는 것이다. 대중들의 정치적 의사를 대의한다는 정치인들, 대중의 여론을 반영한다는 언론, 그리고 대중의 힘을 대의한다는 각종 조합이나 조직들. 그러나 조금만 솔직해지면 누구나 알 수 있을 것이다. 대통령이나 국회가 대중의 뜻을 살피기는커녕 대중들이 그들의 뜻을 살펴야 하고, 언론이 대중의 의견을 반영하기는커녕 특정한 방향으로 여론을 만들어내는 게 언론이다.

대의제라는 게 원래 어떤 한계를 갖고 있다고는 하지만, 최근 한국 사회에서는 대의하는 자들, 이른바 대표들이 대의제를 그 한계까지 몰아가는 느낌이다. 여기서 말하는 대의제의 한계란 교과서에 나오는 이론적 한계가 아니라, 현실적으로 강제되는 물리적 한계이다. 대의되지 않은 채, 표상되지 않은 채 남는 대중들, 대표들에 의해 더 이상 그 뜻이 표현되지 않은 대중들은 이론상으로는 실존하지도 않아야 하지만, 현실에서는 그렇지 않다. 정치인들이 대의하지 않고 언론이 보도하지 않을 때, 그들은 분명히 정치적으로 실존할 수 없다. 그러나 그들이 실존할 수 없다는 건 체제 내에서뿐이다. 정치적 실존 영역 바깥에서, 즉 체제 바깥에서 그들 다수가 존재하기 시작하고 있다. 지금 한국 사회의 많은 대중들이 부(富)나 권력 영역에서 체제 바깥으로 내몰리고 있다. 이런 상황이 지속되면, 대표자들은 결국에 가장 무서운 대중들, 즉 '어떻게 해도 이해할 수 없는 대중들'을 만나게 될 것이다.

우리 사회는 추장은 적고 대표는 넘쳐나는 사회다. 피에르 클라스트르(Pierre Clastres)의 책 『국가에 대항하는 사회』에는 원시사회에 모든 '추장'들의 가슴을 쓸어내리게 하는 이야기가 들어 있다. 야노마미족 전쟁 추장 푸시웨(Fousiwe)의 이야기. 클라스트르의 표현을 빌리자면 이것은 "원시사회의 추장이 불가피하게 원시사회의 법을 어기게 되었을 때 어떤 운명에 처하는가"를 보여준다.

푸시웨는 적들을 습격해서 대단한 승리를 거둔 전쟁 영웅으로, 부족원들로부터 신망을 얻어 추장이 되었다. 그는 부족이 원하는 전쟁을 기꺼이 계획하고 지휘했다. 그는 전사로의 능력과 용기를 부족에게 선물함으로써 그 사회의 훌륭한 도구가 되었다. 그러나 부족에게 추장이란 부족의 의지를 실현하기 위한 적절한 도구에 불과하기에 추장이 과거에 거둔 승리는 쉽게 잊혀진다. 추장이 영원히 얻는 것은 아무것도 없다. 그가 다시 명성을 얻기 위해서는 과거의 공적을 환기시키는 것으로는 부족하다. 전사인 그는 어쩔 수 없이 전쟁을 계속해야 했다. 그러나 여기에는 진한 경계선이 그어져 있다. 그의 전쟁에 대한 욕망은 부족의 욕망과 일치하는 한에서만 힘을 갖는다. 그러나 전쟁에 대한 추장의 욕망이 평화를 갈구하는 부족의 욕망을 압도할 때, 추장과 부족의 관계는 역전된다. 잊지 말아야 할 것, 그것은 원시사회의 추장은 '권력 없는 추장'이라는 사실이다. 그는 위신에 대한 욕망과 그 욕망을 실현시킬 힘이 없다는 점 사이에 갇힌 죄수이다. 푸시웨는 전망없는 전투에 혼자 참가해야 했다. 그는 사람들이 원치 않는 전쟁을 하도록 부추겼기 때문에 부족으로부터 버림받았다. 그는 홀로 전쟁을 수행했고, 결국 적의 화살을 맞고 죽었다. 원시사회에서 권력에 대한 의지의 가능성을 지닌 추장은 이미 죽음을 선고받은 존재이다.

대중들로부터 '왕따'가 된 추장. 혼자서 적에게 돌진해 화살을 맞고 죽은 푸시웨의 모습이 비장하건만, 클라스트르는 거기에 '대중을 배반한 추장의 운명'이라는 섬뜩한 말을 붙여놓았다. 여기서 주목할 것은 평화를 갈망한 대중들이 아니다. 오히려 대중들은 클라스트르가 책에 붙인 제목처럼, 초월적 권력으로 변하는 추장과의 전쟁을 멈추지 않았던 것이다. 그들은 추장이 '왕'이 되려는 순간에 그를 '따'시켰다. 말 그대로 '왕따'였던 셈이다. 그래서 현명한 추장들은, 저 멕시코 사파티스타의 마르코스처럼, 스스로 부사령관이 되려고 했다. 사령관 자리는 부족민들의 것이었으니.

한편으로 푸시웨의 이야기는 모든 지도자들이 명심 또 명심해야 할 이야기겠지만, 다른 한편으로 대중들이 새겨들어야 할 이야기이다. 마키아벨리의 『군주론』이 군주의 정치적 전략을 가장한 대중의 전략 지침서이듯이 푸시웨의 이야기에도 대중적 지침이 담겨 있다. '왕'이 될 조짐이 있는 추장을 '따'시킬 수 있는 사회는 대중 자신이 사령관이고 왕인 사회이다. 양떼처럼 고분고분한 무리로서 대중은 '목자'가 될 '왕'을 갈구하게 되고, 강한 지도자에 대한 열망에 사로잡히기 마련이다. 오직 대중 스스로가 모든 일에 '왕'이 되어야, 어떤 일에도 '왕'의 개입을 차단할 수 있다. 그런 사회에서만 추장들은 권력자가 아닌, 훌륭한 일꾼이 되는 것이다.

4. 책과 세상

내 이름으로 첫 책을 냈을 때 "모든 책들은 동료를 구하는 몸짓이다"고 썼는데, 이제는 누구보다도 책들이 내 동료임을 알게 되었다. 내가 읽은 책들도 그렇지만 펴낸 책들도 그렇다. 내 옆에 나란히 서 있는 지난 책들을 보며, 내가 그들을 세상에 소개했고, 그들이 또한 나를 세상에 소개했으니, 정말로 친한 친구들이 아닌가 싶다.

책을 읽기도 하고 쓰기도 하면서 나름대로 등급을 매겨보곤 한다. 내가 매기는 등급은 크게 네 가지다. 우선 맑스 묘비에 새겨져 있는 그 유명한 문장("철학자들은 그 동안 세계를 해석해왔다. 그러나 중요한 것은 세계를 변혁하는 것이다")에 따라, 세계를 변혁하는 책과 세계를 해석하는 책으로 나눈다. 정말로 위대한 책은 세계를 만들어내는 책이다. 책 자체가 세계 속에서 작동하며 세계의 창조자가 되는 것이다. 그런 위대한 책들이 역사상 드물게나마 존재했다. 그 묘비에 새긴 그대로 맑스의 책이 그랬다. 무산자들이 그 책을 얼마나 이해했느냐에 관계없이 책은 그들에게 작동했다. 책은 동료들을 모았고, 책은 세계를 만들었다.

그러나 세계를 해석하기만 해도 사실은 좋은 책이다. '모든 해석은 창조'라는 니체의 말마따나 해석 행위는 좋은 의미에서든, 나쁜 의미에서든 해석 대상으로서의 세계를 창조한다. 모든 해석자들은 해석을 통해 기존의 세계를 비틀고 자기 세계를 만든다. 해석자의 한 발은 이미 세계를 바꾸는 것, 즉 변혁에 들어가 있다. 세계를 바꾸는 실천도 하나의 해석일 수 있는 것이다. 그러나 해석자의 다른 발은 기호와 표상, 언어에 묶여 있다. 실천은 자주 텍스트 안으로 회귀한다. 변혁하는 책이 세계에 뛰어든 전사이자 기계라면, 해석하는 책은 그 자체로 책일 뿐인 세계와 마주한다. 세계 자체가 텍스트로 축소되는 것이다.

세계를 변혁하는 책, 세계를 해석하는 책 다음에 세계를 반영하는 책들이 있다. 그 자체로 세계의 거울이자 증상으로 존재하는 책들. 물론 증상 중에는 세계의 건강 상태를 잘 알게 해주는 것들, 그 자체로 하나의 깔끔한 해석을 제공하는 것들이 있다. 이른바 '사실들'에 입각한 책들(해석을 부인하는 해석)이 대체로 그렇다. 그러나 다른 한편에는 도무지 읽어낼 수 없는 증상들로 존재하는 책들도 있다. 시장의 시끌벅적함으로 존재하는 책들, 단지 스스로가 세계의 질병임을 증언하는 책들이 그렇다.

맨 마지막 등급에는 세계를 낭비하는 책들이 있다(모든 위대한 것들은 저 태양처럼 스스로를 낭비한다. 그러나 이 책은 자신을 낭비하는 게 아니라 세상을 낭비한다). 세계에 산소를 공급하는 나무를 죽이고, 그 나무로 만든 종이에 독을 담아 유포하는 책들. 너무 가혹한 말일 수 있지만, 세계의 질병임을 증언하는 책들 중에는 아예 독극물로 돌변해서 돌아다니는 책들이 있다. 이런 책들은 어떤 질병보다도, 어떤 살상 무기보다도 이 세계에 치명적이다.

이렇게 책의 등급을 표시해놓고 나니, 지금 이 책의 등급은 어디에 들지 걱정이다. 꿈은 첫번째에, 뜻은 두번째에, 현실은 세번째나 네번째 어디쯤이 아닐지. 턱걸이라도 해서 네번째로는 떨어지지 않아야 할 텐데. 그러나 내가 좋아하고, 나를 가장 잘 아는 친구를, 못나 보일까봐 뒤로 감출 생각은 없다. 여기 고추장이 있고, 여기 그의 책이 있다.

2007년 1월

2부　세상 속으로

讀

1부
____

책 속으로

자유

지난 1월 베이징을 방문했을 때 중국 친구로부터 이런 질문을 받았다. "〈연구공간 수유+너머〉는 '자유로운 개인들의 연합'을 지향하는데, '자유'가 '연합'과 모순되지는 않습니까?" "그 놈의 모순 때문에 하루도 조용한 날이 없습니다. 매일 전쟁이지요." 잠시 웃었지만 분명 대답하기 쉬운 문제는 아니다.

자유란 무엇인가. 자신의 취향이나 기호, 의지에 따라 삶을 선택하고 간섭받지 않는 것. 이 정도가 쉽게 떠올릴 수 있는 자유의 이미지일 것이다. 이런 자유라면 확실히 코뮨과 모순된다. 함께 생활하기 위해서는 서로에 대한 간섭과 제약이 불가피하기 때문이다.

그렇다면 우리는 왜 자유를 억제하면서까지 코뮨을 만들었을까. 그러나 이 질문은 성립하지 않는다. 우리의 코뮨은 무엇보다도 자유를 지향하기 때문이다. 선문답을 하듯 나는 이렇게 말했다. "긴장관계에 있는 것은 자유와 코뮨이 아니라 자유와 자유입니다. 자유에 대해서 저는 밀보다는 베르그손을 지지하는 편입니다."

『의식에 직접 주어진 것들에 관한 시론』(최화 옮김, 아카넷)에서 베르그손은 자유에 대한 우리의 통념이 사실은 자유를 부인하고 있음을 지적했다. '자유'를 말할 때 우리는 선택지 앞에서 고민하는 '자아'를 떠올린다. 자유론자들은 우리가 그 중 하나를 택하는 것을 '자유'라고 말한다. 하지만 이런 생각은 결정론자들의 먹잇감이 될 뿐이다. 우리가 어느 하나를 택했다면 거기에는 물리적이든, 심리적이든, 사회적이든 분명히 이유가 있을 것이다. 결정론자들은 그 이유를 밝힘으로써 우리 행동이 이미 결정된 것이었음을 보이려 한다.

베르그손은 자유를 선택의 문제로 바라보았다는 점에서 이 둘 사이에 차이가 없다고 말한다. 차이가 있다면 자유론자들은 행위 이전에 자유를 말했고, 결정론자들은 행위 이후에 그것을 부정한 것뿐이다. 한 쪽은 '그렇게 하지 않을 수도 있었다'는 사실을 환기함으로써 자유를 말하고, 다른 쪽은 '결국 그렇게 할 수밖에 없었다'는 말로 그것을 부정한다. 하지만 이들은 모두 자유로워야 할 '행위' 자체에 대해서는 아무 말도 하지 않은 셈이다.

베르그손은 이렇게 말한다. 자유란 행위 이전이나 이후가 아닌, 행위 자체의 독특한 색깔이다. 그런데 불행히도 우리는 살아가면서 이런 색깔들을 잃어버린다. 기계처럼 반복되는 삶을 살다 보면 어제의 해가 오늘의 해와 다르다는 걸 알지 못한다. 그것은 무엇보다 어제의 삶이 오늘의 삶과 다르지 않기 때문이다. 기호나 취향에 따른 선택을 곧바로 자유라고 말할 수 없는 이유가 여기에 있다. 사물처럼 응고된 삶 속에서의 행동이란 대체로 오랜 타성이나 습속을 표현한 것이기 때문이다.

진정한 자유를 위해서는 굳지 말고 깨어 있어야 한다. 무엇보다도 다르게 생각하고 행동할 잠재력을 가져야 한다. 자유란 선택이기보다는 능력이다. 알코올중독자는 술을 자신의 기호라고 주장할 수 있겠지만 우리는 그의 자유가 술에 대한 예속과 무능력에서 벗어나는 데 있음을 알고 있다. 코뮌이란 그래서 필요한 것이다. 그것은 나를 인정하고 존중하는 게 아니라 끊임없이 나를 극복하도록 만든다. "우리는 자유를 주장하기 위해 만난 사람이 아니라 자유로워지기 위해 만난 사람들입니다." 중국 친구에게 나는 그렇게 답했다.

◉ 고추장의 독서메모

자유의 신체성

자유란 선택이 아닌 능력의 문제라는 걸 깨닫게 해준 사람은 스피노자였다. 내게 그는 자유란 자유로운 정신의 문제이기 이전에 자유로운 신체의 문제라는 걸 알게 해주었다. "정신의 자유로운 판단에 의해 우리가 이야기하거나 침묵한다고 믿는 사람, 정신의 자유로운 판단에 따라 우리가 행동한다고 믿는 사람은 눈을 뜨고 꿈을 꾸고 있는 것이다." 그의 글을 접했을 때 나는 정말로 '떴던 눈을 다시 뜨는' 경험을 했다. 자유의 신체성!

(자유의지를 신봉하는 사람들은) 젖먹이는 자유의지로 젖을 욕구한다고 믿으며, 성난 소년은 자유의지에 따라 복수를 원한다고 믿고, 겁쟁이는 자유의지로 도망친다고 믿는다. 그리고 술주정뱅이는 나중에 술이 깨면 공연히 말했다고 후회할지라도 그 당시에는 정신의 자유로운 결단에 의해 지껄인다고 믿는다. 마찬가지로 미치광이, 수다쟁이, 어린아이와 이런 종류의 많은 사람들은 사실은 그들의 충동을 억제하지 못하고 지껄이면서도 정신의 자유로운 결단에 의해 말한다고 믿는다. …… 인간은 자신의 행동을 의식하지만 자신을 그렇게 결정하는 원인을 모르기 때문에 자기를 자유라고 믿는다.(스피노자, 『에티카』, 제3부 머리말)

자유를 염원했던 그 위대한 저항의 시절에도 우리의 자유는 너무나 정신적인 것이 아니었을까. 하지만 내가 원하는 것을 얻기 이전에, 내가 진정으로 '좋은 것'을 원하고 있는지를 아는 것, 그것이 자유가 아닐까 생각해본다. 몸이 아팠을 때 먹고 싶은 불량식품만큼이나 우리의 자유도 일종의 증상일 수 있다. 어린아이의 행동이 결국 '어린아이임'의 증명이듯이, 술주정뱅이의 행동이 결국 '술주정'이듯이, 자유로운 결단에 대한 우리의 환상이야말로 우리 무능력에 대한 증명일 것이다. 내가 스피노자를 읽고 내린 결론은 이런 것이다. 자유란 원하는 게 아니라 행하는 것이며, 자유란 요구가 아니라 증명이다.

행복

니체는 인간을 행복조차 배워야 하는 짐승이라고 했다. 살아 있는 모든 것들은 배우지 않고도 최선의 삶을 산다. 그러나 인간은 살아 있으면서도 사는 게 서툴다. 잘 살아보려고 하는 짓이 대개는 제 무덤을 파는 짓이다.

재작년 생명을 구하기 위해 생명을 건 단식을 하셨던 지율스님이 질타한 것도 그런 게 아닐까. 고작 20여 분을 단축시키기 위해 멀쩡한 산 하나를 뚫고 지나가겠다는 태도. 물론 경제적 가치를 따지자면 그것만 해도 어마어마할 것이다. 하지만 스님의 말씀처럼, 잘 살기 위한 우리의 집착은 역설적이게도 생명과 삶에 대한 근본적 무관심과 맞닿아 있다.

삶에 대한 욕망이 삶에 대한 복수로 돌변하는 이유는 무얼까. 돈이나 잘못된 신념에 쉽게 삶의 자리를 내어주기 때문일 것이다. 우리는 살기 위해서 그것들을 가지려 하지만 실제로는 그것들을 얻기 위해 삶을 내어준다. 잘 산다는 것. 그것은 무엇보다도 삶의 자리를 꿰찬 이런 허깨비들로부터 삶을 되찾아오는 일이다. 그러나 우리는 삶을 되찾으려 할 때조차 서투르기 짝이 없다. 몇 년 전부터 불고 있는 '웰빙'의 열풍. 그것으로 성장한 것은 '웰빙산업'이지 행복이 아니었다. 웰빙에 대한 욕망만 있었을 뿐 그것에 대한 물음이 없었던 탓이다.

잘 사는 것에 대한 물음은 잘 살게 해달라는 기도보다 몇 백 배 더 소중하다. 나는 새해가 행복을 기원하고 소망하기보다 행복에 대한 물음을 던지는 시간이었으면 한다. 그래서 철학을 행복한 삶의 기술로 이해했던 에피쿠로스의 『쾌락』을 소개하려고 한다. 그는 행복을 위해 신께 기도하는 대신, 행복한 삶을 위해 철학을 했던 사람이다. 신은 게으른 채로 있어도 충분하다. 삶 속에서 우리를 불안케 하는 온갖 허깨비들을 몰아낼 수 있다면, 우리는 충분히 즐거울 수 있으며, 심지어 신의 행복에도 도전할 수 있다.

사람들은 신께 불경하고, 쾌락을 추구했다는 이유로 그를 방탕한 쾌락주의자로 몰아세웠으나, 정작 그는 방탕한 쾌락이야말로 몸과 마음의 평안을 잃은 허깨비 놀음이라고 가르쳤다. 행복해지려거든 자기 삶을 통찰해야 한다. 헛된 욕망이나 공포는 그것을 야기한 원인을 생각지 않고 무작정 누그러뜨릴 생각만 할 때 생겨난다. 위를 채워야 식탐이 사라지는 게 아니며, 적을 없애야 평화가 오는 게 아니다. 탐욕과 원한을 만들어내는 개인적 사회적 조건들을 먼저 생각해야 한다.

그는 또한 이렇게 가르쳤다. 행복은 혼자서 달성할 수 없으며 그래서도 안 된다. 세네카에 따르면 그는 "현자는 자족적이므로 친구가 필요 없다"고 말하는 사람들을 크게 꾸짖었다. "너는 무엇을 먹고 마실까보다 누구와 먹고 마실까에 대해 생각해야 한다." 그의 유명한 정원은 제자들만이 아니라 어린아이와 노예, 매춘부가 함께 철학하는 곳이었다. 행복해지기 위해 어린아이에게 더 기다리라고, 노인에게 이미 지나갔다고, 노예나 매춘부에게 포기하라고 말해서는 안 된다. 누구나 지금 그 자리에서 함께 행복해야 한다.

삶을 사려 깊게 대하고 자기 행복을 모두의 행복 속에서 찾으라. 에피쿠로스를 읽고 나서, 나는 '인간은 행복조차 배워야 하는 짐승'이라는 니체의 경멸에 이런 토를 달게 되었다. 행복을 배우려는 짐승은 그래도 희망적이지 않은가.

● 고추장의 독서메모

신의 행복에 도전한 인간

세네카에 따르면 에피쿠로스는 신(주피터)의 행복에 도전한 사람이다. 더욱 놀라운 것은 그 도전에 필요한 게 겨우 '빵 한 조각'과 '물 한 잔'이었다는 사실이다. 고대 철학자들의 전기를 쓴 디오게네스 라에르티오스(AC 3세기)는 에피쿠로스에 대해 이렇게 말했다.

"에피쿠로스는 편지에서 이렇게 말했다:

'나는 물과 약간의 빵으로 족하다.' '나에게 항아리에 저장해둔 치즈

를 보내다오. 내가 원할 때, 성찬을 벌이도록 ……'

인생의 목적이 쾌락이라고 말한 사람은 위와 같은 사람이었다."

인생의 목적을 '쾌락'이라고 말하는 사람, 그의 쾌락이 물과 약간의 빵이었던 것이다. 그것이 지혜이고 그것이 철학이다. 물과 빵으로도 신과 같은 행복을 얻게 해주는 가르침. 에피쿠로스는 메노이케우스에게 보내는 편지에서 자신의 '쾌락' 개념을 분명히 했다.

"우리가 '쾌락이 목적이다'라고 할 때, 이 말은 우리를 모르거나 우리 입장에 동의하지 않는 사람들이 생각했던 것처럼, 방탕한 자들의 쾌락이나 육체적 쾌락을 의미하는 게 아니다. 내가 말하는 쾌락은 몸의 고통이나 마음의 혼란으로부터의 자유이다. 삶을 즐겁게 만드는 것은 술을 계속 마시고 흥청거리는 일도 아니고, 욕구를 충족시키는 일도 아니며, 물고기를 마음껏 먹거나 풍성한 식탁을 가지는 것도 아니고, 오히려 모든 선택과 기피의 동기를 발견하고, 공허한 추측들을 몰아내면서 멀쩡한 정신으로 생각하는 것이기 때문이다."

건강한 신체와 '멀쩡한' 정신을 갖는 것. 이 두 가지만 있다면 누구도 행복에 대한 스승을 찾을 필요가 없다. 그런 사람이라면 자신이 좋아하는 일을 하는 것으로 충분히 행복할 수 있다. 환자와 건강한 사람의 차이가 여기에 있다. 건강한 사람은 자신이 좋아하는 걸 하면 되지만, 환자는 그럴수록 건강을 해친다. 환자는 좋아하는 것을 하는 게 금지된 사람이다. 환자는 행복에 대한 판단 능력이 없기에 의사에게 그 판단을 맡긴다.

신의 행복에 도전한 에피쿠로스는 정말 불경한 사람이었을까. 그는 이렇게 말한다. "진짜 불경한 사람들은 다른 사람들의 신을 거부하는 사람이 아니라, 신들에게 대중들의 견해를 덮어씌우는 사람이다." 선한 사람을 축복하고 악한 사람을 벌한다는 생각은 인간적인 선악의 잣대로 신의 행동을 구속하는 짓이다. 신은 인간의 행동에 따라 일희일비 하지 않는 지복(至福)의 존재다. 오히려 자연을 잘 이해하고 즐거운 삶을 보내는 것이야말로 신을 사랑하는 일이다.

에피쿠로스는 죽음에 대한 두려움으로 떠는 사람들에게 말했다. "죽음은 아무것도 아니다. 우리가 존재하는 한 죽음은 우리에게 있지 않으며, 죽음이 오면 우리는 존재하지 않기 때문이다." "잘 사는 것과 잘 죽는 것의 연습은 동일하다." 그 자신이 그렇게 편안히 죽었다. 그는 뜨거운 물로 가득 찬 청동 욕조 안으로 들어간 후, 깨끗한 술을 달라 해서 마시고는 자기 가르침을 기억하라고 말한 후 숨을 거두었다. 그리고 유서에는 자기 "정원에서 살 수 있는 권리를 나를 따라 철학하려는 모든 사람들에게 준다"고 썼다.

도덕

스피노자 하면 우리는 보통 '사과나무'를 떠올린다. "내일 지구가 멸망한다 해도 나는 오늘 한 그루의 사과나무를 심겠다." 지금은 이 사과나무 이야기의 주인공이 루터라는 걸 알지만, 워낙 오랫동안 잘못 알아온 터라, 나조차 스피노자와 사과나무의 연상을 지우는 것이 쉽지 않다.

과일나무 이야기가 나왔으니 말인데, 스피노자의 윤리학을 아주 잘 드러내는 과일이 하나 있다. 바로 태초에 신께서 아담에게 따먹지 말라고 했던 '선악과'다. 선악과는 스피노자만이 아니라 '악'의 문제를 고민했던 서양의 많은 철학자들에게 하나의 화두였다. 도대체 신은 그런 악한 과일을 왜 만들었을까. 모든 걸 아는 신은 결국 아담이 그걸 따먹게 될 것도 알았을 텐데, 어길 게 분명한 명령을 왜 내렸을까.

스피노자가 살던 17세기 철학자들은 악에 대해 대체로 이런 결론을 내렸다. "악이란 아무것도 아니다." 악이 존재한다면 신이 그것을 창조했다는 말인데, 그런 일은 도저히 있을 수 없다. 그렇다면 우리가 경험하는 악은 무엇인가. 그들은 악을 존재가 아닌 결핍으로 보자고 말한다. 즉 악은 그 자체로 존재하지 않고, 단지 우리가 선이라 부르는 어떤 자질들이 결여된 상태라는 것이다.

그런데 스피노자는 놀랍게도 여기서 한 발 더 나아갔다. 그는 '악'만이 아니라 '선'도 존재하지 않는다고 주장했다. 선과 악은 상관적인 것이므로 악이 없다면 선도 없다는 것이다. 스피노자는 선악이 사물이나 관념을 인간 자신의 생각과 이익에 맞추어 판단하면서 생겨난 것이라고 말한다. 하지만 자연 전체로 보면 선악이 존재할 수 없다. 늑대가 양을 잡아먹었다고 해서 늑대가 악하거나 양이 선한 게 아니기 때문이다. 늑대가 악하고 양이 선한 것은 오직 양치기 눈에만 그런 것이다.

선악 관념은 인간이 양치기와 같은 시각으로 세계를 보기 때문에 생겨난다. "눈은 보기 위해 있고, 이는 씹기 위해 있으며, 식물과 동물은 영양을 공급하기 위해서, 태양은 비추기 위해서, 바다는 물고기를 기르기 위해서 있다." 인간은 모든 것을 자신이 설정한 목적에 따라 판단하는 습관이 있다. 아예 세계 자체를 누군가 자신을 위해 창조한 것으로 간주할 정도다. 스피노자는 이런 목적론과 선악 관념을 유치함의 징표로 받아들였다. 인간이 "능력 있고 자유롭게 태어났다면 어떤 선악 관념도 형성되지 못했을 것이다". 그런데도 선악 관념이 생긴 것은 "이 가정이 잘못 되었기 때문이다".

과연 태초에 선악과가 있었을까. 스피노자는 '선악과'에 관련된 대부분의 사연들을 아담의 무지와 무능 탓으로 돌리고 있다. 아담에 대한 스피노자의 생각은 그리스도교의 전통적 견해와 정반대다. 전통적 견해에 따르면 아담은 죄를 짓긴 했지만 그래도 신이 직접 창조한 가장 완전한 인간이다. 그러나 스피노자에 따르면 아담은 인간의 역사에서 갓 태어난, 아무것도 모르는 아이에 불과하다. 그런 아담에게 신은 친구처럼 다가와 어떤 과일을 먹지 말라고 했다. 그것이 명령이었을까. "만약 신이 그 과일을 먹지 못하도록 정했다면 아담이 그것을 먹을 수 있다는 것 자체가 모순이다." 아담이 받은 처벌은 중요치 않다. 처벌 여부에 상관없이 명령을 어길 수 있다는 것만으로도 신의 절대성은 훼손되기 때문이다.

스피노자는 이렇게 말한다. 신의 말이, 처벌받기는 하지만 어길 수 있는 어떤 것으로 나타난 것은 아담의 유치한 상상에 의해서다. 부모 말을 어긴 아이처럼, 아담은 신의 말을 어기고는 벌을 받을까 무서워 숨어버렸다. 그리고 신이 자신을 찾는다고 상상했다. 신은 모든 것을 알지만, 아담이 그렇게 상상하므로, "아담아, 어디 있느냐" 하고 찾아다닌다. 마치 신은 어디든 존재하는데도, 하늘에 산다는 모세의 상상 때문에 높은 산 위에서 목소리를 내었듯이 말이다. 결국 모든 인간은 자신의 능력만큼 신을 만나는 것이다.

결론적으로 말하자면 세상에 악한 과일이 있을 리 없다. 스피노자는 아담의 선악과를 우리가 흔히 보는 '독' 같은 것이라 했다. '독'은 결코 악한 게 아니다. 그것은 지금의 관계 속에서 우리와 맞지 않기에 우리를 해칠 수 있는 어떤 것일 뿐이다. 그러나 한의사들이 자주 말하듯이, 다른 어떤 것과 함께 먹거나 우리 체질이 변화하면 그것은 약이 될 수도 있다.

신의 말 중 위반된 것은 하나도 없다. "신의 계시는 그 과일을 먹었을 때 아담에게 필연적으로 일어날 치명적 변화에 대한 것이었기 때문이다." 아담은 자신이 신의 명령을 어겼고 그 때문에 심판을 받아 몸에 변화가 생겼다고 믿었지만, 사실은 제 몸에 맞지 않은 과일을 먹었고 결국 신의 계시대로 몸의 부분적 해체를 경험한 것이다. 신의 말은 그대로 관철되었다. 위반도 없고 별도의 처벌도 없다. 굳이 말하자면, 지혜로운 자에게는 지혜 자체가 복이며, 어리석은 자에게는 어리석음 자체가 벌인 셈이다.

흥미로운 것은 스피노자가 선과 악이라는 말 자체는 보존하자고 했다는 점이다. 그 내용은 다르지만 그 말들로 뭔가 중요한 구분을 하고자 했기 때문이다. 그것은 앞서 신이 아담에게 말해준 것이지만 아담이 오해했던 것이기도 하다. 선(Good)과 악(Evil)은 존재하지 않지만, 매번 우리에게는 '좋음'(Good)과 '나쁨'(Bad)을 구별하는 문제가 남아 있다. 그것은 도덕(moral)과는 다른 윤리(ethic)의 문제이다. 지금 내게 맞는 과일은 어떤 것이고 그렇지 않은 것은 어떤 것인가. 지금의 나는 어떤 글, 어떤 음악, 어떤 사람과 만나는 게 좋은가. 우리에게 좋은 사회, 좋은 정치란 어떤 것인가.

물론 미리 정해진 것은 없다. 좋고 나쁨은 매번 관계에 따라 변하기 때문이다. 운이 좋다면 우리는 좋은 것을 만나고 나쁜 것을 피할 것이다. 그러나 마냥 운에 맡길 수만은 없다. 우리가 독을 약으로 바꾸는 유능한 약제사라면, 운에 기대거나 '나쁜' 것으로부터 도망치기만 하지는 않을 것이다. '나쁜' 것들은 관계의 변화를 통해 언제든 '좋은' 것이 될 수 있다. 스피노자가 말하는 '윤리학'은 그런 삶의 기술과 전략이라고 할 수 있다. 어떻게 좋은 만남을 조직하고 좋은 사회를 만들어갈 수 있는가. 우리는 그런 능력을 어떻게 키울 수 있는가. 중요한 것은 악에 대한 도덕적 비난과 지탄이 아니라, 나와 그것의 관계를 변화시킴으로써 그것을 좋은 것으로 바꿀 수 있는 약제사의 실천적인 지혜인 것이다.

● 고추장의 독서메모

신의 맞춤 서비스

「잠언」16장 22절. "지혜로운 자는 지혜로움이 생명의 샘이 되거니와 어리석은 자에게는 그 어리석음이 징계가 되느니라." 지혜로운 자에게 별도의 축복이 있지 않고 어리석은 자에게 별도의 벌이 있지 않다. 지혜로움이 복이고 어리석음이 벌이니. 좋은 행동을 하면 죽어 천국에 가는 게 아니라, 그 좋은 행동 속에서 천국을 맞고, 나쁜 행동을 하면 그 속이 바로 지옥이다. 스피노자의 글을 읽다보면 '신의 맞춤 서비스'를 떠올리게 된다. 신께선 그 인간의 그릇만큼 나타난다는 것. 설령 대단한 예언자라 하더라도 이해력이 딸리면 상상에 의존해서 신을 그리고, 신은 또 그 수준에 맞게 계시되는 것이다.

노아에게 내려진 계시, 즉 '신이 인류를 멸할 것' 역시 그의 이해력에 따라 이루어진 것이다. 왜냐하면 그는 팔레스타인을 넘어선 세계에는 아무도 살지 않는다고 생각했기 때문이다. ······ 신이 그 앞에 최초로 계시했던 아담은 신이 편재하고 전지적이라는 걸 몰랐음이 확실하다. 그래서 그는 마치 사람에게 그렇듯 신으로부터 숨었고 신 앞에서 자기 죄를 변명하려고 했다. 이 경우에도 신은 아담의 이해력에 맞추어 계시되었다. 마치 모든 곳에 있지 않고 어느 곳에 있는 자처럼, 그리고 마치 아담이 있는 곳, 아담이 지은 죄를 알지 못하는 자처럼 행동했던 것이다.

······ 아브라함 역시 신이 모든 곳에 있고 만물에 대해 꿰뚫고 있음을 몰랐다. 그래서 그는 소돔의 민중에게 [신께서] 내린 판결을 들었을 때, "그 성(城) 중에 의인(義人) 오십이 있을지라도 주께서 그곳을 멸하시고 그 오십 의인을 위하여 용서치 아니하시리이까?"라고 물었다. 그는 그들 모두가 처벌을 받아 마땅한지를 그 자신이 알 때까지 신에게 그 판결을 집행하지 말라고 빌었던 것이다. ······ 아브라함의 상상 속에서 신은 이렇게 말한다. "내가 이제 내려가서 그 모든 행한 것이 과연 내게 들린 부르짖음과 같은지 그렇지 않은지 보고 알려 하노라."[이미 알고 있는 신께서 굳이 내려와 살펴본다는 말을 할 필요는 없다.]

······ 모세 역시 신이 전지하며 인간의 모든 행동이 오직 신의 뜻에 좌우된다는 걸 이해하지 못했다. 신께서 그에게 이스라엘 사람들이 그의 말을 경청할 것이라 말했음에도, 모세는 여전히 의심했기에 "그들이 나를 믿지 않고 내 말을 듣지 아니하면"이라 답했다. 그래서 신은 모세

에게는 인간의 장래 행동을 결정하지 않은 것처럼 나타났다. …… 모세는 신의 존재가 다른 모든 존재들과 너무 달라서 가시적인 것의 어떤 이미지에 의해서도 표현될 수 없으며, 이것이 본래 불가능해서가 아니라 인간의 부족함 때문에 그렇다고 가르쳤다.〔그런데도 어떤 이미지를 신으로 숭배한다면 그것은 틀림없이 신이 아닌 우상일 것이다.〕 …… 그는 신이 천상에 거주한다고 생각했기에, 신은 그에게 천상에서 산으로 내려오는 것으로 계시되었고, 모세는 신과 이야기를 나누기 위해 산에 올라가기조차 했는데, 그가 만약 신을 편재하는 것으로 상상할 수 있었다면 그럴 필요는 없었을 것이다.(스피노자, 『신학정치론』 중에서)

스피노자는 우리가 신을 알고 사랑하는 데는 아무런 계시도, 아무런 기적도 필요 없다고 말할 것이다. 누군가 기적을 보았다고 말한다면 우리는 그때 그 사람의 무지와 무능을 본 것이다. 기적이란 자연 질서가 위배되는 현상을 이르는 말일 텐데, 신이 자신을 드러내기 위해서 자기 질서를 깨야 한다는 게 말이 되는가. 물이 위에서 아래로 흐르고, 저 하늘에 별이 그대로 반짝이고, 사랑하는 사람 앞에서 당신 얼굴이 빨갛게 되는 것, 즉 자연에서 일어나는 모든 일들은 그 자체로 충분히 신적이며, 충분히 경이롭고, 충분히 사랑스럽다.

기억

이제 '겨우' 삼십대 중반을 지난 나는 '객관적'으로 젊다. 하지만 '서른 즈음'부터 뭔가를 잊어 먹는 일이 잦아졌다. 김광석의 노랫말처럼 '내가 떠나보낸 것도 아닌데' 떠나가는 것들이 생겼고, '작기만한 내 기억'을 탓하는 일도 많아졌다. 오늘도 기억해야 할 몇 가지를 잊어버렸다. 아내가 오늘까지 봐야 한다며 부탁한 책이 있었다. '꼭', '반드시', '절대' 등의 말을 들은 터라 잊지 않으려고 핸드폰에 알람 설정을 해두었다. 귀가 한 시간 전에 메모와 함께 울리도록. 게다가 혹시나 해서 손목에 볼펜으로 적어두기까지 했다.

알람이 울렸을 때 나는 누군가와 대화를 나누고 있었다. 내용을 확인하고는 대화가 끝나면 곧바로 챙겨야지 결심했다. 하지만 그때뿐이었고, 정작 귀가할 때는 그것이 떠오르지 않았다. 초인종을 누르면서 손목의 메모를 보았을 때는 정말이지 도망치고 싶었다. 아내는 속이 많이 상했겠지만, 내 건망증을 변수에서 빼지 않은 터라 비교적 부드럽게 넘겨주었다. 그러나 문제는 거기서 끝나지 않았다. 내일의 세미나를 위해 노트북을 펴는 순간 나는 챙겨오지 못한 게 아내의 책만이 아니라는 걸 깨달았다. 연구실에서 노트북은 챙겨왔지만 정작 세미나에 쓸 책은 가져오지 않은 것이다. 결국 나는 내가 써야 할 원고의 순서를 바꿀 수밖에 없었다. 그래도, 아니, 그럼에도 불구하고 나는 무능력했던 '아Q'의 혼잣말처럼 자신을 위로했다. '오늘 일이 많았던 거야.' '나는 기억을 담는 통이 아니라구.'

오늘도 자신의 기억력 상실에 가슴이 덜컥 내려앉았을 많은 사람들, 나처럼 건망증에 시달리는 그 사람들에게 작은 위안이라도 될까 하여 니체의 '기억과 망각'에 대한 이야기를 하려고 한다.

사람들은 보통 '기억력'과 '건망증'이라고 말한다. 기억에 '력'을 붙이고 건망에 '증'을 붙이는 것은, 전자를 능력으로 후자를 무능력 혹은 병으로 보기 때문일 것이다. 과연 기억은 좋은 것이고 망각은 나쁜 것일까. 니체는 거꾸로 말한다. '망각'이야말로 건강과 힘의 징표이며 능력이라고.

한번 생각해보자. 교통사고나 끔찍한 폭력을 당해 심한 정신적 외상을 입은 경우, 잊고 싶어도 잊을 수 없는 기억은 그 자체로 고통이다. 과거의 원한에 사로잡혀 매일 복수를 꿈꾸는 사람은 어떤가. 그는 과거의 상처에서 코를 뗄 줄 모르는 개처럼 현재 속에서 과거만을 사는 사람이다. 이런 이들에게는 기억이 병이고 망각이 건강이다.

니체에 따르면, 건강한 사람에게 망각은 의식의 소화작용이다. "우리 몸에서 '육체적 동화'가 이루어지는 수천의 과정과 마찬가지로 어떤 것들은 우리 의식에 떠오르지 않는다. 의식의 문과 창들이 일시적으로 닫히는 것이다." 건강한 몸을 생산하기 위해 신진대사가 자동으로 일어나듯, 우리 의식에서도 새로운 기억을 얻기 위해 필요한 망각이 자동으로 일어난다. 건강한 자는 특별한 노력 없이도 적절하게 잊을 줄 안다. 이 자동 제어 메커니즘이 고장났을 때, 즉 의식이 "일종의 소화불량 상태에 빠졌을 때", 우리는 과거의 말들에 체해서 고통받는 것이다.

그렇다고 우리가 아무런 근심도 없이 풀을 뜯는 저 '초식동물'처럼 될 수는 없을 것이다. 아니 그럴 필요도 없을 것이다. 망각 덕분에 불행을 모르는 초식동물의 행복을 우리가 무엇 때문에 부러워한단 말인가. 니체는 기억을 비난하고 망각을 찬양하는 단순한 사람이 아니었다. 무엇보다도 그는 우리에게 동물을 바라는 사람이 아니었다. 그가 기억을 병으로, 망각을 건강으로 다룬 것은 어떤 조건 아래서만 그렇다. 니체의 물음은 이런 것이다. 건강한 사람에게 망각과 기억은 어떤 것인가. 그리고 병든 사람에게는 어떤 것인가.

건강한 자에게 망각은 의식의 세계에서 일어나는, 혹은 일어날 수 있는 숱한 갈등 속에서 자기 자신을 관리하게 해주는 제어장치이다. 건강한 자의 정신은 스스로 "약간의 정적, 의식의 백지상태"를 작동시킨다. 그렇다면 기억은 어떤 것인가. 건강한 자에게 기억은 '약속할 수 있는 능력', 곧 '의지의 기억'이다. 자신이 의욕한 것을 잊지 않고 계속 밀어붙이는 능력. 그 때문에 그의 기억은 미래를 향한다. 그는 '원한다'와 '하겠다' 속에서 기억한다. 기억의 미래적 용법 혹은 미래의 기억이라고나 할까. 과거를 기억할 때조차 그는 미래적이다. 그가 과거로 돌아가는 것은 현재와 다른 미래를 갖기 위해서다. 그는 항상 '그렇게 되기를 원한다(미래)' 속에서만 '그랬다(과거)'를 바라본다.

그런데 약자들, 병자들에게는 이 모든 것이 거꾸로 나타난다. 그들의 기억과 망각은 철저히 과거적이다. 어떤 것만을 기억함으로써 다른 어떤 것도 새롭게 기억하지 않으려는 의지. 그들은 과거의 어느 한 순간에 고착되어 있다. 사건이 일어났던 어느 순간, 그때의 정서 상태 그대로 그들은 얼어붙어 있다. 과거만이 그들에게는 생생한 현재이다. 한마디로 그들은 '영향받기를 거부하는 자들'이다. 잊지 못하므로 새로이 기억할 수 없는 사람들.

이상한 말로 들리겠지만 이렇게 말해야 할 것 같다. 기억력만 있는 게 아니라 기억증도 있다고. 그리고 기억력이라는 말은 정말로 힘과 능력에 의해서 기억하는 것을 가리킨다고. 니체가 강조하듯이, 변신의 힘이 자기에게 있음을 아는 사람, 그만이 약속할 수 있고 기억할 수 있다. "설령 불행한 일이 있다고 해도 자신의 말을 '운명에 대항해서' 지킬 만큼 자신이 충분히 강하다는 것을 아는 사람"만이 힘으로서의 기억, 힘에서 나온 기억을 갖고 있다. 반대로 과거의 어떤 흔적에 머물러 있는 사람, 어떤 새로운 기억도 구성할 수 없는 사람은 어떤가. 아마도 우리는 그에게 기억증이라는 진단을 내려야 할 것이다.

가만있자, 오늘 나의 망각은 망각력일까, 건망증일까.

역사

'기다림'이라는 말은 아주 수동적으로 들린다. 일어날 일에 대해서 내가 어떤 영향을 미칠 수 없을 때, 나는 기다릴 수밖에 없다. 기다리는 대상이 사랑하는 사람이든, 기쁜 소식이든, 내 자신의 죽음이든, '기다림'이라는 말에서 우리는 시간 속에 방치된 느낌을 갖는다. "저기서 기다리세요!" 민원실 공무원처럼, 운명은 우리 감정에 아랑곳하지 않고, 시간의 어느 구석을 가리킨다.

하지만 정말로 기다림이란 무기력한 것일까. 우리는 대기실에서 그저 기다려야 하는 것일까. 근대 역사철학을 지배해온 시간관념을 강하게 비판했던 몇몇 사상가들, 특히 니체나 벤야민에게 '기다림'은 아주 특별한 의미를 가졌다. 이들은 근대 문명이 구원될 '순간'을 기다렸지만, 그 순간에 대한 기다림은 우리들이 생각한 것과는 아주 달랐다. 그들은 대기실에서 역사를 기다린 사람들이 아니었다.

잘 알려진 것처럼 19세기 이후 근대 역사철학은 진보적이고 발전론적인 시간관념의 지배를 받았다. 대표적인 예가 헤겔철학이다. 헤겔에 따르면 역사의 시간은 정신의 논리 전개와 일치한다. 역사는 절대이념의 자기 전개에 다름 아니며, 근대란 그 운동이 마침내 도달한 시간이다. 그는 역사(History)를 역사주체가 자기완성을 향해 전개하는 하나의 스토리(story)로 이해했다.

이러한 헤겔의 시간관은 공간적으로 치환되기도 했는데, 서유럽은 역사의 최종 발전단계에 도달한 반면 동양은 역사의 초기단계에 머물러 있다는 편견이 그것이다. 이는 서양이 동양이 도달해야 할 목적지이자 본받아야 할 모델이라는 잘못된 생각을 퍼뜨렸다. 모두가 똑같은 결승점을 향해 하나의 트랙 위에서 뛰고 있다는 환상이 이로부터 생겨났다. 그리고 이 환상의 밑바닥에는, 시간이란 어디서든 동질적이고 연속적이며 발전적이라는 관념이 깔려 있었다.

그런데 이런 역사철학의 발전론적 시간관념에 대한 비판이 20세기 초반에 강하게 제기됐다. 주로 문화비판가들이 많았는데, 벤야민도 그 중 한 사람이었다. 이들은 근대 역사철학이 과거의 순간들을 하나의 사슬로 묶고, 그것이 하나의 목적을 향해가는 듯 허구적 이미지를 만들었다고 비판했다. 역사를 하나의 잘 짜인 이야기로 만들기 위해, 어떤 순간들은 과장되었고, 어떤 순간들을 은폐되었으며, 어떤 순간들은 왜곡되었다는 것. 이들에 따르면 우리가 '역사'라고 부르는 과거의 사실들은 현재의 관점에서 선택되고 해석된 과거, 즉 '현재의 과거'이다.

그렇다고 이들이 왜곡되지 않은 '순수 과거'를 생각한 것은 아니었다. 이들이 말하려 했던 것은, 과거의 순간들이 오늘날의 관심에서 선택되고 해석된 것들인 만큼, 그것들을 '확정된 사실'로서 과거에 매장해서는 안 된다는 것이다. 역사학자의 개입에 따라 과거는 얼마든지 달라진다. 과거는 지금의 실천적 해석 속에 생생하게 살아 있다. 역사학자의 임무는 순간들을 확정해서 묻는 게 아니라 그 순간들을 살려내고 해방시키는 데 있다.

이들 비판가들보다 한 세대가 빨랐던 니체 역시 비슷한 문제를 던진 바 있다. 그는 우리가 '지나간 과거'를 지금의 의지 대상으로 삼을 수 있는지를 물었다. 과거를 우리의 의지로 바꿀 수 있는가. '의지의 통한'이라는 말로 그는 그 어려움을 표현했다. 그러나 영원회귀의 깨달음을 얻은 후, 그는 자신을 '무덤을 파헤치는 자'로 불렀다. 과거의 순간들은 죽지 않았다. "그대는 언제나 거기 살아 있고 언제나 변함없다. 그대는 언제나 무덤을 뚫고 나왔다." 역사의 무덤을 파헤친 자! 역사화 되지 못했던 무수한 '비역사적' 순간들의 발굴자! 니체는 이렇게 생각했다. '현재를 위한 과거'가 될 수 없었던 과거의 순간들, 하지만 그 때문에 오히려 '대항적 현재', '새로운 현재'를 만드는 데 동참할 수 있는 그 순간들을 무덤에서 꺼내야 한다.

니체의 생각은 곧바로 벤야민에게 이어졌다. 그는 미래를 위해 '과거로 도약했다'. 그는 '현재'(Gegenwart, present)와 '지금'(Jetztzeit, now)이라는 시간을 구분했다. 과거로 도약하는 '지금', 무덤을 파헤치는 '지금', 우리의 '실천'이 우리로 하여금 '현재'와는 다른 삶을 살게 하리라. 벤야민은 흥미로운 말을 했다. "유대인에게는 미래를 연구하는 것이 금지되었다. 그런데 유대인의 경전인 토라와 그들의 기도는 기억을 통해 미래가 어떤 것인가를 가르쳐주고 있다." 유대인들의 미래는 과거에 예언되어 확정된 것 같지만, 실제로는 그 예언을 어떻게 '기억'하느냐, 어떻게 '해석'하느냐에 따라 완전히 딴 미래가 존재할 수 있다. 미래는 과거에 있지만, 그 과거는 열려 있다. 그래서 과거로의 도약은 '현재와는 다른 현재', 즉 다른 미래를 갖게 한다.

니체나 벤야민에게 시간은 연속적이지도, 발전적이지도 않았다. 단지 '순간들'이 있을 뿐이다. 그것은 숱한 '단절'들이다. 그것들은 결코 하나의 연쇄를 이루지 않는다. 당연히 어떤 목적지를 향해 흘러가지도 않는다. 번개처럼 하나의 '순간'이 찾아와 역사의 풍경을 뒤바꿔버릴 수 있다. 구원의 '순간', 메시아의 '시간'은 그렇게 갑작스레 찾아오는 것이지, 어떤 발전과정의 귀결로서 찾아오는 게 아니다. 아니, '메시아'에게는 시간이 따로 없는지도 모른다. 니체의 말처럼 "그것은 어제를 갖고 있지 않으며 내일 이후를 갖지도 않는다. 그것은 '천 년'이 되어도 오지 않는다." 그것은 언제든 와 있지만 또한 언제든 와 있지 않기도 하다.

기다림. 니체는 위버멘쉬가 올 정오를 기다렸고, 벤야민도 메시아가 오는 구원의 순간을 기다렸다. 그 순간은 우리 역사가 가는 길을 더 빨리 걸어서 미리 만날 수 있는 것도 아니고, 누가 누구보다 더 가까이 다가가 있는 것도 아니다. 계산할 수도, 예측할 수도 없는 구원의 순간, 메시아의 시간. 우리는 단지 그것을 기다릴 수 있을 뿐이다.

그런데 이 '기다림'이란 것이 아주 독특하다. 니체는 '기다리는 법'을 배워야 한다고 말한다. 그것은 상인이 손님을 기다리는 것과 다르다. 그는 '기다림'을 '끊임없는 물음과 시도'라고 했다. 위버멘쉬를 기다렸던 그는 위버멘쉬가 되기 위해 끊임없이 시도했다. 벤야민은 우리에게 끊임없는 '호랑이의 도약'을 주문했다. 이 치열한 '기다림'의 실천을 통해 우리는 번개를 맞듯 구원의 시간을 만날 것이다. 기다림이란 결코 역사의 대기실에 앉아 있는 일이 아니다. 어디 역사만 그럴까. 사랑도, 일도, 사람도 '끊임없는 시도' 속에서만 우리는 '기다린다'는 말을 할 수 있는 게 아닐까.

◉ 고 추 장 의 독 서 메 모

과거를 점치기

미래가 불확실한 덕분(불확실하기 때문에 미래다!)에 돈 버는 사람 중 하나가 점쟁이다. 사람들이 점쟁이를 찾는 건 억누를 수 없는 궁금증 때문만이 아니다. 궁금증이나 호기심보다는 걱정과 불안이 점집 문을 두드리는 더 큰 이유일 것이다. 그런데 복채를 내면 일종의 '행동지침'을 얻는데, 이는 예정된 미래도 바꿀 수가 있다. 사람들이 미래를 알기 위해 점을 치는 건, 미래를 바꾸려는 이런 소망에서일 것이다.

그렇다면 과거에 대해서는 어떨까. 역사를 조작할 수는 있지만 역사를 바꿀 수는 없다는 게 일반적 생각이다. 미래를 알고 싶어 점집을 찾는 사람들은 지금도 많지만, 과거를 알고 싶어 점집을 찾는 사람은 하나도 없다. 과거란 이미 확정된 사실이라 바꿀 수 없기 때문일까. 어떻든 점쟁이보다는 역사학자나 박물관을 찾는 게 정상일 것이다. 그런데 소설 『백년의 고독』에서 나는 과거를 점치는 사람들을 보았다.

〔마꼰도에 전염성 불면증이 찾아들었다.〕 "우리가 다시 잠들지 않는다면 더 좋지 뭐. 그럼 우리 인생이 더 길어질 테니까 말이야." 호세 아르까디오 부엔디아가 유쾌하게 말했다. 그러나 불면증에 걸렸을 때 육체적 피로 같은 건 느끼지 않았던 비시따시온은 불면증의 가장 무서운 점은 잠을 자지 못하는 것이 아니라 기억상실증이라는, 보다 위험한 증상으로 가차없이 진행되는 것이라고 그들에게 설명해주었다. 그러니까 그녀의 말은 불면증 환자가 불면 상태에 익숙해지다 보면 자신의 어릴 적 추억에 대한 기억을, 그 다음엔 사물들의 이름과 관념을, 그리고 마지막에는 사람들도 알아보지 못하게 되고, 심지어는 자신까지도 잊게 되어 결국은 과거를 망각한 백치 상태가 되어버린다는 것이다. …… 처음에는 아무도 놀라지 않았다. 당시에 할 일은 엄청나게 많은데 시간이 모자랐던 마꼰도 사람들은 잠을 안 자게 되는 것을 오히려 즐거워했다. 어찌나 열심히 일을 했던지 이내 할 일이 더 이상 없게 되었다. …… 피로 때문이 아니라 꿈이 그리워 잠을 자고 싶었던 사람들은 피곤해지기 위해 온갖 방법을 다 썼다.
…… 그 당시 기억상실증은 더욱 확실하게 나타났다. 호세 아르까디오 부엔디아가 암소의 목에 걸어놓은 표찰은 마꼰도 주민들이 어떤 식으로 기억상실증에 대항해 싸울 준비를 하고 있었는지를 보여주는 하나

의 예시였다. "이것은 암소인데, 암소가 젖을 생산하게 하려면 매일 아침마다 젖을 짜주어야 하고, 그 젖을 커피와 섞거나 밀크 커피를 만들기 위해서는 젖을 끓여야 한다." 그렇게 사람들은 단어들을 이용해 잠시 붙잡아두었지만, 자신들이 씌어진 글자들의 의미를 잊어버리게 되었을 때는 별 수 없이 사라져버릴 그런 허망한 현실 속에서 계속 살아가고 있었다. …… 모든 집에는 물건의 이름과 사람의 감정을 기억하기 위한 메모들이 적혀 있었다.

…… 이런 상황에서 삘라르 떼르네라는 전에 카드로 미래를 점쳤듯이 과거에 무슨 일이 있었는지 점치는 방법을 고안해냈다. 그 같은 수단을 통해 불면증 환자들은 카드 점의 불확실한 취사선택에 의해 세워진 한 세계에서 살기 시작했다.(마르케스, 『백년의 고독』 중에서)

역사도 과거에 대한 일종의 점치기 아닐까?

사실

최근 일제시대 조선지식인의 담론을 논하는 어떤 연구 모임에 참여한 적이 있다. 그 모임은 학제간 연구를 지향하고 있었기 때문에, 문학·철학·사회학·정치학·역사학 등 다양한 지적 배경을 지닌 여러 연구자들이 함께 했다. 그런데 그 중에서 특히 내 눈에 띈 사람이 있었는데, 그는 역사학 전공자였다. 그는 모임에 참석한 일부 연구자들이 당시 담론에 대한 기본 해석틀을 바꾸려 하는 것을 아주 못마땅하게 생각하고 있었다. 시종일관 그가 보인 반응은 "사실들이 말하지 않은 것을 함부로 말해서는 안 된다"는 것이었다.

그 시대에 문외한인 나로서는 당시의 '사실들이 어떤 말을 했는지'는 알지 못하므로 누구의 입장이 옳은지 판단할 수 없다. 솔직히 말하자면 모임에서 각 연구자들이 말한 내용조차 제대로 옮길 자신이 없다. 하지만 '사실들'에 대한 그 역사학 전공자의 태도는 지금까지도 강한 인상으로 남아 있다. 그는 "우리 역사학은 역사적 사실에 기초한 객관적 진실만을 말합니다"라고 했다. 그런 그의 모습이 내게는 마치 자기 신앙을 고백하는 종교인처럼 보였다.

따지고 보면 '사실로 하여금 말하게 하라!'를 신주처럼 모시는 것은 역사학자들만이 아니다. 많은 학자들이 자기 말의 객관성을 내세 우고 싶을 때 내뱉는 말이 바로 그것이다. 하지만 정말로 사실들이 말 을 할까. 그리고 그때 사실들이 하는 말은 진실일까.

맹세코 나는 역사적 '사실들'이 말하는 장면을 한 번도 본 적이 없다. 매번 말을 하고 있었던 것은 '사실들'이 아니라 '사람'이었다. 역 사적 사실들을 발굴하는 것도, 선택하는 것도, 늘어놓는 것도, 그것의 의미를 말하는 것도 역사학자 자신이었다. 그런데 역사학자들은 한사 코 지금 말하고 있는 게 자신이 아니라 사실들이라고 한다.

철학자 니체는 그것을 '복화술'이라고 불렀다. 실제로는 자기 입 으로 말하면서 마치 사실들이 말하는 것처럼 위장한다는 것이다. 그 예로 니체가 경멸했던 르낭이라는 역사학자를 들 수 있다. 그는 사실 에 기초한 객관주의 역사학을 부르짖었지만, 그의 연구를 보면 '사실' 이 말하는지, '그'가 말하는지를 쉽게 확인할 수 있다. 유럽어의 기원 을 추적하던 그는 그 원형이 당시 인도어에 매우 가깝다는 것을 발견 했다. 이 자존심이 센 유럽 학자에게 이 '사실'은 무슨 말을 해주었던 가. 유럽어의 기원이 인도라는 것? 유럽이 '잃은' 것을 인도가 '가졌 다'는 것? 불행히도 그가 발견한 '사실들'은 그의 구미에 맞는 말만을 해주었다. 유럽은 진보했으나 인도는 수천 년간 그대로 정체되어 있 다! 미개 상태의 인도, 진보가 '없는' 인도!

정말로 사실들이 그런 말을 했다면, 우리는 그 '사실들'을 '제국주의자'로 불러야 할 것이다. 하지만 제국주의자는 '르낭'이지 애꿎은 '사실들'이 아니다. 어떤 사실들이 선택되는가, 그리고 그것들이 어떻게 배열되는가, 또 그것을 어떻게 해석하는가에 따라 의미는 완전히 달라지기 때문이다. 이런 상황에서 '사실로 하여금 말하게 하라'는 게 어떤 의미를 가질까.

역사학자들은 자기 자신을 사실 뒤에 감춤으로써 자기 말의 권력을 증대시킨다. 푸코가 니체를 빌려 비판했듯이, 근대 역사가들은 항상 "얼굴 없는 익명성"으로만 자신을 드러내고, "보편적 기하학이라는 허구" 속에 자기 몸을 숨긴다. 하지만 니체는 '사실들의 말'을 들을 때마다 그 뒤에 숨어 거짓소리를 내고 있는 학자들을 놓치지 않으려고 했다. 아니, 더 나아가 학자들의 목소리에 숨어 있는 권력의지를 읽어내려고 했다. 그래서 그는 항상 이렇게 물었다. 누가 해석하는가. 어떻게 해석하는가. 왜 그렇게 해석하는가. 니체는 이런 물음들을 통해서 '사실들'과 '해석'을 둘러싼, 지식과 권력의 문제를 제기하려고 했다.

우리는 역사학자들에 대한 니체의 딴지를, '없는' 사실을 지어내라거나 '있는' 사실을 왜곡하라는 것으로 받아들여서는 안 된다. 그가 말하고 싶은 것은 이런 것이다. 누군가 '사실로 하여금 말하게 하라'고 외칠 때 사실들만을 보아서는 안 된다. 우리는 사실들을 모으고 배열하고 해석하는 행위, 즉 사실들 바깥에서 이루어지는 그런 행위를 보아야 한다. 바로 그때에만 우리는 어떤 사실이 왜 그런 말을 하는지를 이해할 수 있기 때문이다.

니체의 중요 연구자 중 한 사람인 데리다는 '사실들'의 목소리를 기다리는 사람들, 그것의 참된 해석에 매달리는 사람들의 심리를 보여주는 좋은 예를 하나 들었다. 니체의 『전집』에는 그 맥락을 도저히 알 수 없는 한 줄짜리 문장이 들어 있다. "나는 우산을 잃어버렸다." 니체가 쓴 것이기는 하지만 이 문장에는 따옴표가 쳐져 있다. 따라서 이 말은 니체가 어느 책에선가 보고 옮겨놓은 것일 수도 있고, 누군가에게 들은 말일 수도 있으며, 그냥 생각없이 적어놓은 말일 수도 있다. 따라서 여기서 '나'는 니체일 수도 있고 아닐 수도 있다. 하지만 편집자는 이 말의 진정한 의미가 해석되기를 바라며 『전집』 속에 넣어두었다.

"나는 우산을 잃어버렸다." 이 사실은 무엇을 의미하는가. 사실 자체로는 이해하기가 너무 쉽다. "나에게는 우산이 있었다. 그것은 나의 것이었다. 그런데 나는 그것을 더 이상 갖고 있지 않다. 지금 그 우산이 생각난다." 표면적으로는 그렇다. 하지만 그 사실은 어떻게 놓이느냐에 따라 그 의미가 아주 달라진다. 어떤 이는 니체 아버지의 죽음과 그것을 이어놓고 생각할 것이다. 정신분석학의 코드에 익숙한 사람이면 당장 남근 상실을 떠올릴 것이다. 접혀진 우산은 보통 남근을 상징하기 때문이다. 아니면 펼쳐진 우산이 비를 막아주므로, 그것의 상실은 정신적 충격을 방어하는 기제가 상실되었음을 의미할 수도 있다. 데리다는 웃는다. 맥락도 없이 출현한 하나의 문장을 두고 그 참된 의미를 결정짓기 위해 벌이는 논란들, 그 우산의 참된 주인을 찾아주기 위해 발버둥치는 학자들의 노력들.

사실들이 도대체 무슨 말을 하는가. 결론적으로 말하자면 사실들은 아무 말도 하지 않거나 너무 많은 말을 한다. 그런데도 우리는 그것을 하나의 목소리로 듣는다. 그리고 그것이 참된 목소리라고 너무 쉽게 믿어버린다. 하지만 우리는 다시 물어야 하지 않을까. 사실 뒤에서 누가 말하고 있는가. 왜 그렇게 말하는가. 그것은 우리에게 무엇을 의미하는가.

축지법에 대한 기억

대학원 다닐 때 사회학방법론 수업을 들었는데, 그때 질적방법론 중 하나로 구술사를 다룬 적이 있다. 보고서를 쓰기 위해 자료를 찾던 중 '뿌리 깊은나무'라는 출판사에서 나온 '민중자서전' 시리즈를 보게 되었다. 자서전 하면 떠오르는 이른바 '대단한 사람들'이 아니라, 사공·장돌뱅이·옹기장이 등 지금은 사라져가는 민중들의 이야기다. 할아버지·할머니가 자신들의 생애를 구술한 것을 그대로 옮겨놓은 것이다. 그런데 이 평범한 사람들의 평범하지 않은 이야기가 대단한 감동을 준다. 독자들께 꼭 구해서 읽어보시라 청하고 싶다. 편집자 말마따나 민중생활사 연구에 결정적인 도움이 되기도 하겠지만, 무엇보다 할아버지·할머니의 옛이야기가 그렇게 재밌을 수가 없다.

내가 읽은 것 중에는 『사삼사태로 반 죽었어, 반! ― 제주 중산간 농부 김승윤의 한평생』(민중자서전, 14권)이 있었는데, 그의 구술에는 제주 중산간 지역에 살았던 사람들의 생활사가 온전히 담겨 있다. 게다가 김승윤의 구술은 1948년의 '4·3사태'에 대한 중요한 증언이기도 하다. 그런데 이 책을 읽다가 내가 무릎을 치며 웃었던 대목이 있다.

"늙어가니깐 이제 옛날 사람 생각이 나. 다른 데도 아닌 봉개 사람, 거 짓말도 아닌 내 참말로 얘기하지 뭐. 거짓말할 필요도 없고 봉개 가서 들어도 그건 [거기서도] 하는 말 우리가 알지. 그 바로 귀신이지 귀신. 그러니 귀신과 말도 하고. 그게 사람이 아닌 귀신이라. 그 자손이 오라 리 지금 몇이 살았을 거야. …… 봉개에서 지관질도 하고 모든 거, 거 기 술사에는 능한 할아버지였는데 이름은 몰라. 송 지관 송 지관 하니. 봉개리 동동에 살았다고 해. 그런데 밤이면 축지법을 써서 땅을 줄여 서 가고. …… 어디 정의, 대정이라도 갔다가 날이 어두워서 오려고 하 면 불과 여남은 자국 내디디면 자기네 집에 와버려. 여남은 자국 디디 면. 거 뭐라고 중얼중얼 귀신을 부르지 뭐. 거 축지법이라고 땅을 줄여 서 걷는다 하는 게."

"한번은 남의 옛날 산 가운데에 가서 자기네 할아버지 산[묘]을 썼어. 산을 쓰니 그 산 자손들이 막 모여들어서 때려죽여 버린다고 모여들어 서 잡아놓고 산 앞에서 매로 획획 막 두들기고 있는가 싶으면 돌만 두 들기지 사람은 아니 두들겨져. 사람은 뭐 저기 선 것 같아서 때려봐도 어디야 가버렸는지 매를 안 맞는다 말여. …… 할 수 없이 빌었어. 빌 었어. 그 산 자손놈들이 그리 말고 명당에서 파가는 비용도 줄 것이고 손해비를 물어줄 테니 떠나달라고. 그처럼 해서 떠난 예가 있고."

김승윤 할아버지가 '참말'이라며 열을 올린 축지법 쓰던 노인은 '참말로' 있었을까. 여남은 자국만 내딛으면 아무리 먼 곳도 금세 가고, 남의 산에 묘를 써놓고도 보상까지 받아간 귀신 같던 그 노인이 정말로 있었을까. 제주의 농사형태나 풍습들, 4·3사태 때 일어난 사건들에 대한 중요한 사료에 난데없이 끼어든 '축지법 노인'에 대한 기억이라니.

나는 역사학자나 사회학자가 이 대목을 어떻게 받아들일지 궁금하다. 편집자는 김승윤의 구술 앞에 이런 말을 해설로 달아두었다. "그이의 이야기를 통틀어 검토하자면 군데군데 비상식적인 부분도 있으며, 그이 나름의 주관이 너무 노출된 데도 없지 않습니다. 그러나 이런 증언, 이런 생각들이 제주도 중산간의 할아버지의 것임을 떠올리면 그 속의 좋은 뼈대를 추려낼 수 있을 겁니다."

편집자의 말처럼 학자들은 아마도 '좋은 뼈대'라는 이름으로 '사실'과 '사실 아닌 것'을 다시 추려낼 것이다. 학자들은 '사실로 하여금 말하게 하라'는 말을 자주 한다. 그러나 이처럼 '사실들의 말' 앞에는 그렇게 '말할 자격이 있는 사실들'을 골라내는 학자들의 작업이 선행한다. 결국 사실들의 말은 사실들만의 말이 아닌 셈이다. 김승윤 할아버지 머릿속에 있는 축지법 노인은 아마도 '비사실'로서, 잘못된 '기억'으로서 유령처럼 사라질 것이다. 그 노인에 대한 기억이 4·3사태만큼이나 확실하다 해도 말이다.

하지만 내게 '축지법 노인'은 '좋은 뼈대'를 강조해온(또한 강요해온) 역사학에서 버림받은 역사적 '비사실들'의 은유로 받아들여진다. 역사가 만들어지는 과정에서 비역사의 안개 속에 버려져야 했던 것들. 본래 그것들은 귀신이나 유령의 형태를 취하지 않았으나, 역사적 '사실'에 대한 우리 시대의 편견 때문에 그렇게 기괴한 형태로 나타난 것은 아닐까. 과거의 역사서, 가령 『삼국사기』처럼 정사를 표방하는 역사서에도 이런 이상한 이야기들이 끼어들어 있다. 이 이상한 이야기들, 이 비역사적 사실들 (혹은 역사적 비사실들), '축지법 노인'에서 역사의 기억을 다시 돌아봐야 하는 건 아닐까.

여섯

2005년 가을부터 겨울까지 연구실(연구공간 수유+너머) 동료들과 중남미 소설을 읽었다. 어떤 호기심이나 필요를 느껴서가 아니라, 연구실에 있는 독특한 세미나 제도 때문에 '읽어야 했다.' 연구실의 모든 회원들은 특별한 사정이 없는 한, 매주 열리는 어떤 세미나에 의무적으로 참가해야 한다. '케포이필리아'라고 불리는 이 세미나는 회원들에게 자기 전공을 떠나 다른 분야로의 횡단을 강제하기 위해(!) 마련된 프로그램이다. 2005년 하반기 이 세미나의 주제가 중남미 소설이었다.

강제라고는 했지만 그것은 시작 때뿐이었다. 막상 소설들을 읽기 시작하자 각 작품이 지닌 마력 때문에 그만두는 것이 오히려 쉽지 않았다. 이미 널리 알려진 작품들을 위주로 읽었는데도, 워낙에 읽어둔 게 없던 탓에 내게는 작품들 모두가 새롭고 강렬했다. 이 소설들 중 특히 내 눈을 끈 작품이 하나 있었는데, 멕시코 작가 엘레나 포니아토

프스카(Elena Poniatowska)의 「시네 프라도」가 그것이다. 나는 이 작품이 '여성'과 '진리'에 대한 남성과 철학자들의 편견을 재치 있게 고발했다고 생각한다.

이 소설은 그 분량이 열 쪽밖에 되지 않는, 정말로 '짧은' 단편이다. 영화관에서 난동을 부린 어떤 남자가 자기가 좋아했던 여배우에게 보낸 편지, 그것이 전부다. 남자는 그녀의 영화 속 이미지에 병적으로 빠져든 사람이다. 그는 항상 그녀가 출연한 모든 영화를 여러 번, 여러 개봉관에서 본다. 그러던 어느 날, 그는 새로운 작품에서 그녀의 이미지가 자신을 완전히 배반했다고 느낀다. 감독의 지시나 시나리오에 따른 것에 불과하다 할지라도 '그의 그녀'로서는 해서는 안 되는 행동을 했다는 것이다. 그는 절망하고 분개했다. "당신의 가면은 떨어지고 말았습니다. 나는 당신의 속임수가 비열하다는 것을 깨닫게 되었습니다." 그는 자신이 사랑했던 '그녀'가 하나의 가면에 불과했다고, 그리고 가면 속의 '진짜 그녀'는 '인간 쓰레기였다'고 흥분한다. 자신이 그동안 그녀의 연기에 속아왔다는 것이다.

그런데 이 소설을 그저 그런, 기분 나쁜 '팬레터'와 확연히 구분시켜주는 것은 편지 끝에 덧붙여진 '추신'이다. 이 추신이야말로 이 소설의 백미다. 추신에 따르면 그는 감옥에서 이 편지를 썼다. 도대체 무슨 일을 저질렀던가. 그는 어느 날 극장에 가서 영화가 절정에 이를 무렵, 칼을 빼들고 스크린으로 달려가 그녀의 가슴을 찔렀다. 이 하나의 행동이 모든 것을 말해준다. 그는 그녀의 이미지를 사랑했고, 그 이미지에 배반당했으며, 그 이미지를 살해한 것이다.

니체는 『즐거운 학문』에서 이런 말을 한 적이 있다. "남자는 제멋대로 여자의 이미지를 그렸고, 여자는 그 이미지를 흉내내어 자신을 만들었다." 이 독특한 상호작용 속에 어쩌면 서양철학의 근본 문제와 새로운 철학의 가능성이 들어 있는지 모른다. 니체는 남자가 여자에 안달하면서도 여자를 도저히 이해할 수 없는 이유가, 진리에 안달하는 철학자가 진리에 도달할 수 없는 이유와 닮았다고 생각했다. 혹여 여자를 안다고 말하는 남자, 진리를 안다고 말하는 철학자가 있다 해도, 그가 가진 것은 여자가 아니라 여자에 대한 이미지, 진리에 대한 이미지일 뿐이다.

니체는 또 『선악의 저편』에서 이렇게 말했다. "진리를 여자라고 가정한다면 어떨까? 모든 철학자들이 독단론자들인 한 그들은 여자에 대해 지극히 미숙한 게 아닐까. 이제까지 그들이 진리에 접근할 때 흔히 쓰던 방식, 즉 대단히 엄숙한 태도로 서투르게 강요하는 건 여자의 마음을 사로잡는 데 부적당하지 않은가? 그녀가 마음을 주지 않으리라는 것은 분명하다."

여성을 대하는 남성의 미숙함. 그녀의 진정성에 대한 그의 독단적인 상상. 그것이 그로 하여금 그녀를 보지 못하게 만든다. 자연을 대하는 철학자의 미숙함도 마찬가지다. 현상 너머에 있는 실재에 대한 상상. 그것이 그들로 하여금 현상의 다양한 생성을 보지 못하게 한다. 가면이 진짜 얼굴을 가리고 있다고 생각하는 것, 옷을 벗기면 그녀의 참된 속살이 드러날 것이라고 믿는 것. 그런 한에서 남성은, 철학자는 어리석다.

지혜로운 여성은 그 사실을 너무도 잘 알고 있다. 심오한 본질? 가려진 진정성? 그런 것은 없다. 단지 그것에 대한 남성과 철학자의 상상만이 있을 뿐이다. 표면은 아무것도 가리고 있지 않다. 남성들이 확신하는 '진정한 여성'이란 겨우 한 껍질을 벗은 양파에 불과하다. 껍질을 벗긴 후 드러난 것도 껍질이다. 표면이 본질을 가리고 있는 게 아니라, 본질에 대한 믿음이 오히려 표면을 가리고 있다. 그래서 니체는 말했다. "그리스인들은 심오했기 때문에 표면적이었다."

어쩌면 서양철학은 시네 프라도 극장의 남자가 보여준 정신 나간 짓에서 한 걸음도 나아가지 못했다. 플라톤이 말한 동굴 속 철학자는 프라도 극장의 남자와 다르지 않다. 동굴 벽면에 비친 그림자, 그 영상을 거짓이라고 생각한 철학자는 바깥 세계에 그것의 원본이 있다고 말했다. 누구도 그 말을 믿지 않자 그는 칼로 자기 눈을 찔러버렸다. 프라도 극장의 남자와 차이가 있다면, 단지 어디를 찔렀느냐뿐이다. 스크린을 찌르거나 자기 눈을 찌르거나. 그들은 모두 표면의 놀이를 즐기지 못한 것이다. 그들은 틀림없이 얼굴에 화장하는 법도 모를 것이다.

물론 연기하는 여자 쪽에도 위험은 있다. 니체는 여자들의 타락에 대해서 많은 이야기를 했다. 남자가 그린 이미지를 연기하던 일부 여자는 그 이미지와 자기를 동일시하고 평생 그 이미지에 갇혀 산다. 또 다른 일부는 연기를 거부하고 '진정한 여성'에 대한 독단적 상상에 빠져든다. 남성이 되는 것이다. 그러나 니체는 하나의 놀이로써 가면 쓰기를 하고 있는 여성에 희망을 걸었고, 자신이 그렇게 되고자 했다.

그들은 표면에서 이뤄지는 다양한 생성과 변신을 이용해서, 남자들과 철학자들을 유혹하고 파멸시킨다. "완벽한 여자가 사랑을 하면 갈갈이 찢어버린다. …… 아, 이 얼마나 위험하고도 살금살금 기어다니는 지하세계의 작은 맹수란 말인가! 그러면서도 어찌나 호감을 주는지!"

도대체 언제쯤이 되어야 철학자들은 이런 여성을 이해할 수 있을까. 아니 언제쯤이 되어야 철학자들은 이런 여성이 될 수 있을까. 은폐하고 거짓말하고 화장하고 변신하는 일이, 도대체 언제쯤이 되어야 철학의 최고 미덕이 될 수 있을까.

● 고추장의 독서메모

여성은 없다

남성들의 여성이든, 여성들의 여성이든, 여성은 없다. 오직 있는 것이라곤, 남성들의 여성이거나, 남성을 흉내는 여성들의 여성뿐이다. 그러면 무엇이 있는가. '남성·인간'이 설정한 경계에 사는 존재, 그 경계를 배외하는 존재들이다. 인간과 동물 사이에 있는 '괴물', 인간과 기계 사이에 있는 '사이보그'가 그들이다.

해러웨이는 내가 아는 한에서 '여자의 가면'을 가장 잘 이해하는 사람이다. 그의 말을 따라 나는 이렇게 말한다. 니체의 차라투스트라는 여성이며 또한 사이보그다. 참된 인간의 부활은 없으며, 오직 인간적인 것으로부터의 탈주만이 있을 뿐이다. 위버멘쉬, 그는 탈주하는 여성이다.

"사이보그의 형상을 심각하게 받아들이는 데는 여러 중요성이 있다. 우리의 몸들, 즉 자신들——몸들은 권력과 정체성을 보여주는 지도이다. 사이보그들도 예외가 아니다. 사이보그 몸은 순진하지 않다. 사이보그는 낙원에서 태어나지 않았다. 그것은 단일 정체성을 추구하지 않으며, 그럼으로써 끝없는 적대적 이원론도 발생시키지 않는다. 그것은 아이러니를 당연한 것으로 받아들인다. 하나는 너무 적고, 둘이란 단지 가능

린 랜돌프(Lynn Randolph), 「사이보그」, 1989년, 유화.

성 한 개에 불과하다. 능숙함, 기계를 잘 다루게 되는 그런 능숙함에서 느끼는 강력한 기쁨은 더 이상 죄가 아니며, 체현의 한 양상일 뿐이다. 기계는 우리이며, 우리의 과정이며, 우리의 체현 양상이다. 우리는 기계를 떠맡을 수 있는 존재다. 그들은 우리를 지배하거나 위협하지 않는다. 경계의 책임은 우리에게 있다. 우리는 그들이다. 지금까지 여성의 체현은 주어진 것이고, 유기적이며, 필연적인 것 같았다. 그리고 여성의 체현은 모성의 솜씨와 그 은유적 확장을 의미하는 것처럼 보였다. 〔그러나〕 우리는 오직 부적절해짐으로써만 기계 속에서 강력한 기쁨을 취할 수 있었다.

…… 마지막으로 하나의 이미지를 덧붙이자면 유기체들과 유기체의 전체론적 정치는 부활의 은유에 의존하며, 변함없이 생식적 성의 자원들을 요

구한다. 나는 사이보그들이 재생과 더 많은 관계들을 맺고 있으며, 생식의 모체와 대부분의 탄생에 대해 의심하고 있음을 주장하려 한다. 도롱뇽들이 다리를 잃는 것 같은 상해를 입은 후 재생을 할 때는 이전에 상해를 입은 자리에서 복제를 하거나 다른 기이한 국소해부학적 생산을 할 수 있는 꾸준한 가능성으로, 구조를 재성장시키고 기능을 회복시킨다. 재성장한 다리는 괴물같이 생겼고, 복제된 것이며, 강력할 수 있다. 우리는 모두 깊은 상해를 입었다. 우리는 부활이 아닌 재생을 요구한다. 우리를 재구성하는 가능성에는 젠더 없는 괴물 같은 세계를 희망하는 유토피아적 꿈이 포함되어 있다." (다나 해러웨이, 「사이보그 선언문」 중에서)

기술

니체는 인간을 '대지의 피부병'이라 했다. 적어도 환경 문제에 관해서 그 말은 딱 들어맞는 것 같다. 지구의 오염 상태를 보여주는 각종 그래픽 자료를 보고 있으면, 그 붉은 반점들이 영락없는 피부병처럼 보인다. 사실 인간이 유발한 환경재앙에 대한 경고는 다시 꺼내기 새삼스러울 정도로 여러 번 반복되었다. 이제 그것은 비상이 아니라 일상이 되었다. 북극과 남극의 얼음이 얼마나 녹았는지, 사막화가 얼마나 진척되었는지, 갯벌이 얼마나 사라졌는지. 비상등은 켜져 있지만 맨날 보는 붉은 신호등처럼 심상할 뿐이다. 오히려 당장 먹고사는 일에 비하면 그런 고민은 너무 한가한 일이 아닐까 하는 생각이 들 정도이다.

언제나 재앙은 멀어 보이고, 먹고사는 일은 가까워 보인다. 지금 우리 옆에서 일어나는 일들이 대개 그렇다. 새만금 개발이 그렇고 천성산 터널이 그렇다. 경제적 부가가치는 어마어마하게 보이는데, 그것이 초래할 수 있는 재앙은 아무리 눈을 크게 떠도 작게만 보인다. 뛰지 않으면 뒤처지는 세상. 누구도 한 걸음 옆으로 딛는 게 어렵다. 딱 한 걸음만 옆으로 나오면, 살기 위한 발버둥이 사실은 죽음을 향한 질주이고, 천성산의 도롱뇽보다 더 위태로운 게 우리 자신임을 알 텐데. 그러나 현인은 한탄하고 우중(愚衆)은 돌진하는 이 이상한 운명이 우리를 좀처럼 놓아주질 않는다.

도대체 개발한다는 것은 무엇인가. 왜 잘 살기 위해 사용하는 우리의 기술이 우리의 죽음을 재촉하는가. 기술과 좋은 관계를 맺는 것은 불가능한가. 마르틴 하이데거(Martin Heidegger). 아마 그는 서양 철학자 중에서 이 문제에 대해 가장 진지하게 고민했던 사람이며, 이와 관련해 우리 운명의 전향을 가장 강하게 촉구했던 사람일 것이다.

기술이란 무엇인가. 누구나 말하듯 그것은 하나의 도구이고 수단이다. 우리는 살기 위해서, 조금 더 구체적으로 말하면 무언가를 만들어내기 위해 그것을 사용한다. 그런데 하이데거는 여기에 인과율의 문제가 자리하고 있다고 말한다. 우리는 "어떤 작용을 산출한 것"을 '원인'이라고 부르는데, 도구란 바로 그런 것이기 때문이다. 인과율이라는 말에 너무 주눅들 필요는 없다. 우리가 하이데거의 설명에서 보게 되는 건 골치 아픈 논리학이 아니라, 기술에 대한 고대인들의 낯설지만 흥미로운 사고방식이기 때문이다.

고대 그리스에는 '4원인설'이라는 게 있다. 질료인(재료), 형상인(모양), 목적인(용도), 작용인(인간의 활동). 철학에 문외한이라도 한 번쯤은 들어봤을 것이다. 그런데 이것들은 원인이라고 하기엔 조금 이상한 것들이다. 통념에 따른다면, 결과보다 선행해서 그 결과를 초래하도록 영향을 미치는 것이 원인이다. 하지만 그리스인들이 원인이라고 말한 재료나 모양, 용도는 스스로 어떤 적극적 작용을 한다고 볼 수도 없고, 시간적으로 결과물에 선행한다고도 보기 어렵다.

그런데 하이데거는 이 '4원인설'에 대해 아주 흥미로운 해석을 내놓았다. "여기서 '원인'이란 '함께 책임짐'을 의미한다." 그것들은 시간적으로 선행해서 뭔가 성과를 내놓는 게 아니라, 어떤 존재에 공통의 책임을 나누어 맡고 있는 것들이다. 제기(祭器)를 예로 들어보자. 나무라는 재료, 잔과 같은 모양, 제사라는 용도, 이것들을 한데 모은 인간의 활동이 함께 참여함으로써 제기라는 게 존재한다. 다시 말해 재료, 모양, 용도, 활동은 제기의 존재에 책임을 나누어 맡고 있는 요인들이다. 고대인들은 원인 속에 '책임'의 의미를 담았으며, 인간 활동이 사실은 '책임지는' 행위에 참가하는 것임을 알았던 것이다.

제작이란 함께 참여할 원인들을 모으는 일이다. 원인들을 함께 모음으로써 무언가 없던 것을 그 자리에 출현하게 한다. 이런 활동을 고대 그리스인들은 '포이에시스'(poiesis)라고 불렀다. 포이에시스라는 말 자체는 '밖으로 끌어내어 앞에 내어놓음'이라는 뜻을 갖고 있다. 포이에시스 중에서도 가장 이상적인 것은 '퓌시스'(physis)라고 불렀는데, 이는 오직 제 스스로의 힘만으로 뭔가를 산출하는 행위이다. "꽃은 자기 스스로의 힘으로 만발한다." 인간의 제작 역시 꽃만큼은 아니지만, 원인들을 함께 모음으로써 무언가 새로운 것을 '밖으로 끌어내오는' 활동이다.

현대 기술의 문제는 무엇인가. 기술인 한에서는 그것도 '자연으로부터 무언가를 끌어내오는' '탈은폐' 과정이다. 하지만 그것은 '참여를 통한 드러냄'이 아니라, 자연에게 빨리 내놓으라는 '닦달'과 같다. "과거 농부들은 돌보는 자였다. 그의 일은 씨앗을 뿌려 싹이 돋는 것을 그 생장력에 맡기고 잘 자라도록 보호하는 것이다. 그러나 오늘날의 경작은 자연을 닦아세우는 일이 되었다." 비료와 농약을 써가며 토지에게 내놓으라고 '닦달'한다. 자연은 강요받고 있다. "바람의 힘으로 돌아가며 바람에게 자신을 내맡기는 풍차"와 "대지로부터 광석을, 광석으로부터 우라늄을, 우라늄으로부터 원자력을 강요하는" 원자력 발전소의 차이. "물의 흐름에 따라 돌아가던 수차"와 "물의 흐름을 바꾸어 설립된 댐"의 차이. 문제는 거기에 있다.

그러나 현대인을 탓할 수만은 없는 노릇이다. 현대인은 자연을 들볶고 있지만, 누구보다도 들볶이는 것이 현대인 자신이기 때문이다. "산지기는 나무를 빨리 보내라는 목재소의 주문을 받고, 목재소는 종이제작사의 주문을 받고, 종이제작사는 신문사의 주문을 받는다." 시장은 살고 싶다면 끊임없이 내놓으라고 난리다. 그 속에서 제작자인 인간은 스스로 하나의 부품이 되고 말았다. 현대사회의 집합적 운명 속에서 인간은 그렇게 내몰리고 있다.

어찌해야 할까. "위험이 있는 곳에는 구원의 힘도 함께 자라네." 횔덜린의 시구를 믿어도 좋은 것일까. 물론 지금은 절망적이다. 왜냐하면 우리는 비상등을 보고도 맹목, 즉 눈을 감고 있기 때문이다. 눈을 뜨는 것이 먼저이다. 그래서 하이데거는 이렇게 말한다. 위험을 보아

야만 구원의 힘도 성장함을 알 것이다. "어느 때건 극단의 위험에서 눈을 떼지 않아야 한다." 그때 우리는 비로소 기술의 본질을 묻게 될 것이고, 그 물음 속에서 "구원자에 이르는 밝게 빛나는 길을 볼 수 있을 것이다".

자본주의의 미래와 기계의 미래

철학자들이 기계문명에 대해 생각할 때 쉽게 걸리는 병이 있다. 바로 향수병이다. 한적한 숲속 오솔길에서만 사유를 해온 철학자들일수록 향수병에 대한 면역력이 약하다. 맹목적 산업주의나 기계문명을 바라보면서 그들은 뭔가를 잃어버렸다고 생각한다. 우리 모두가 아늑했던 곳, 모든 사물들이 제자리에 있었던 곳. '우리는 고향을 잃어버렸다.'

그러나 우리는 '갖고' 있던 것을 '잃어버린' 게 아니라, 어떤 '잃어버린 것'을 '갖게' 된 게 아닐까. 고향도, 향수병도, 도시·기계 문명 속에서 발명된 판타지이자 질병이 아닐까. 철학을 더 이상 숲속 오솔길 같은 곳에서 해서는 안 될 듯 싶다. 우리들의 고향은 이미 도시이고, 우리들의 자연은 이미 인공이 아닌가. 창공이 숨쉴 공기로만 가득했던 시대는 갔다. 나는 컴퓨터를 켜서 무수히 많은 전자신호들을 들이마시고 내뱉는다. 우리들이 걷는 길은 이미 나무들의 숲이 아니라 빌딩들의 숲이다. 우리는 한편으로 도시 기계들의 흐름에 몸을 맞추고 있으면서, 다른 한편으로 우리 몸에 맞는 작은 기계들을 심고 있다.

지금의 기계문명을 예찬하려는 게 아니다. 다만 우리가 가야 하는 곳은 '기계 이전'이 아니라 '기계 이후'라는 말을 하려는 것이다. 분명히 우리 시대의 기계들은 생명체들을 생산 현장에서 몰아내 굶주리게 하고, 공기를 오염시켜 그들의 숨을 죄며, 석탄과 기름을 빨아들여 대지를 푸석거리게 한다. 그러나 기계와 생명이 이토록 적대적으로 돌변한 건 기계에 내재된 필연 때문이 아니다. 기계와 생명의 적대는 생명과 생명의 적대를 옮겨 적은 것뿐이다. 인간이 인간을 착취하는 곳에서 기계는 인간을 착취한다. 문제는 운명을 거부하는 것이 아니라 운명을 바꾸는 것이다. 문제는 돌아가는 것이 아니라 다른 방향을 발명해내는 것이다.

나는 맑스가 『정치경제학비판요강』, 「기계에 관한 단상」에 적어둔 말을 참 좋아한다.

"기계류가 고정자본의 사용가치에 가장 잘 조응하는 형태라는 점으로부터 자본의 사회적 관계 아래로의 포섭이 기계류의 사용을 위해 가장 적절하고 가장 좋은 사회적 생산관계라는 결론이 도출되는 것이 아니다."

내 식으로 표현하자면 이렇다. '자본주의가 기계 속에서 자신의 미래를 발견한다고 해서, 기계가 자기 미래를 자본주의 속에서 발견하리라는 보장은 없다.' 아주 빨리 일하고 많이 일하지만 고장날 때까지 아무런 불평도 없는 기계. 자본가들에게는 그것이 이상사회이지만, 기계들에게(그리고 기계가 되어가는 우리 인간들에게) 그것이 이상사회인지는 알 수가 없다.

기계의 역사가 잘 말해주듯이 기계는 자본주의를 위해 태어난 것도 아니고 자본주의 속에서 가장 이상적 환경을 발견하는 것도 아니다. 단지 지금 자본주의적으로 사용되고 있을 뿐이다. 우리 삶의 일부가 된 인터넷은 군사적 목적으로 발명되어 자본주의적으로 전유되었으나 어떤 집단들에게는 투쟁을 순환시키는 기계이기도 하다. 우리가 할 일은 기계에게 지금과는 다른 미래를 갖게 하는 것이다. 바로 그때 기계는 우리에게 다른 미래를 만들어줄 것이다.

화폐

　내 박사학위 논문의 주제는 '서유럽에서 근대적 화폐의 형성'이다. 최근에는 이 논문을 다듬어 『화폐, 마법의 사중주』라는 책도 내었다. 그야말로 지난 몇 년을 화폐에 대해 공부하면서 보낸 셈이다.

　내가 처음 화폐에 대한 관심을 가진 건 'IMF 위기' 때였다. 그때 내 느낌은 여느 사회과학 연구자와 크게 다르지 않았다. 화폐 위기가 사회 전체의 위기로 발전하는 것을 보면서, 그리고 국제 금융자본의 엄청난 위력을 실감하면서, 현대 자본주의 사회에서 화폐의 움직임을 공부해야겠다는 생각이 들었던 것이다. 하지만 결국 나를 화폐 연구로 끌어들인 것은 그런 사명감이 아니라 어느 날 찾아온 낯선 일상의 체험이었다. 화폐를 소중히 다루자는 캠페인성 뉴스를 보고 있을 때였다. 만 원짜리 한 장의 제작비가 몇 십 원이라는 둥, 한 해에 새 돈을 찍으며 낭비되는 돈이 얼마라는 둥. 그런데 갑자기 기분이 묘했다. 아니, 저 몇 십 원짜리가 어떻게 만 원이지?

가만 보니 화폐를 사용하는 일 자체가 온통 환상처럼 느껴졌다. 무가치한 종잇조각을 내미는 사람이나 그걸 받고 물건을 내주는 사람이나 무슨 '짜고 치는 고스톱'을 벌이는 것 같았다. 마치 어제까지 알던 것을 오늘 모르게 된 것처럼, 그리고 모두가 아는 것을 나 혼자 모르게 된 것처럼 화폐적 일상이 낯설어졌다. 도대체 조선시대 인물들을 빨간 물감, 파란 물감으로 그려놓은 저 작은 종잇조각이 왜 그렇게 사람들의 마음을 끄는 것일까. 마그네틱선이 그려진 플라스틱카드를 문지르고 나서, 어떻게 내 은행계좌에서 가게주인의 계좌로 뭔가 옮겨진다고 생각하는 것일까. 물리적으론 단순한 전자기적 반응일 뿐인데.

한참 이상한 질문 속을 헤매고 있을 때 화폐에 관한 재밌는 인류학 보고서를 만나게 되었다. 그 글에는 내가 화폐에 대해 느낀 황당함이 그대로 들어 있었다. '돌 화폐 섬 이야기.' 1903년 윌리엄 헨리 퍼니스 III세가 마이크로네시아에 있는 얍(Yap) 섬에 대해 기록한 것인데, 밀튼 프리드먼의 『돈의 이야기』에서 그것을 읽었다. 얍에서 교환 수단으로 사용되는 화폐는 페이(fei)라고 불리는 커다란 돌 바퀴이다. 나중에 나는 '페이'의 사진을 다른 책에서 보았는데, 맷돌처럼 생겼으나 그 크기가 사람만 했다(큰 것일수록 가치가 크다). 도대체 저런 걸 어떻게 화폐로 사용할 수 있는지 믿기지가 않았다.

작은 페이는 운반을 하겠지만 커다란 페이의 경우 당연히 운반할 수가 없다. 거래를 어떻게 할까. 얍 사람들은 굳이 그것을 운반할 필요가 없다고 말한다. 그냥 페이의 주인이 누구로 바뀌었는지만 알면 그만이라는 것이다. 그 돌이 옛 주인의 집에 있다고 해도 새 주인을 아는 한 아무런 상관도 없다.

언젠가는 이런 일도 있었다. 페이는 얍에서 아주 멀리 떨어진 섬의 석회석으로 만드는데, 어느 날 원정대가 거기서 커다란 석회석을 얻었다. 그런데 오는 도중 폭풍우를 만나, 살기 위해 돌을 매단 뗏목의 줄을 끊었다. 얍섬에 돌아온 원정대는 그 페이가 아주 큰 것이며, 결코 주인 탓에 가라앉은 것이 아님을 증언했다. 결국 얍 사람들은 그 돌이 바다에 있다고 인정하고, 마치 그 주인의 집에 있는 것과 마찬가지로 구매력을 인정했다.

이 신비한 이야기는 얍에 독일인들이 왔을 때 절정에 달했다. 독일정부는 1898년 스페인으로부터 이 섬을 사들인 뒤, 각 지역 추장들에게 도로를 복구하라고 지시했다. 그러나 원주민들은 그것을 따르지 않았다. 독일정부는 벌금을 부과하려 했지만 어떻게 해야 할지 몰랐다. 그때 관리들은 몇몇 사람을 보내 집에 있는 페이 위에 정부 소유의 검은 십자표시를 했다. 그러자 사람들이 나와서 일을 시작했고 정부는 나중에 그 표시를 지워주었다.

어찌 보면 독일정부가 한 일이라고는 돌에 낙서한 것뿐이다. 그런데 그것이 어떻게 벌금을 부과한 효과를 내었을까? 그들이 원시적이어서? 그렇지가 않다. 프리드먼은 얍 사람들을 혼란으로 몰아넣고 결국 강제노역을 하게 한 낙서 소동이 20세기 초 현대적인 뉴욕의 은행에서도 일어났다고 말한다.

1932~33년에 프랑스은행은 미국이 금과 달러의 교환비율을 바

꿀 것을 우려하여, 뉴욕의 연방준비은행에 맡겨둔 자신의 달러 자산을 대부분 금으로 바꾸어 달라고 요청했다. 그러면서 프랑스은행은 금을 프랑스로 옮기기 편하도록 연방준비은행의 자기 계정에 금을 보관해 달라고 했다. 이때 뉴욕의 연방준비은행이 한 일은 어떤 것일까. 그것은 금에 '이것은 프랑스 것'이라는 표시를 한 것에 불과했다. 마치 얍에서 독일인들이 그렇게 했듯이. 그런데 그 표시만으로 시장에서는 달러 가치가 하락하고 프랑이 급등했다. 그리고 나중엔 이 일이 미국 금융공황의 시발점이 되었다. 1930년대 일어난 이 대소동과 얍의 작은 소동을 비교해보자. 누가 더 원시적이고 비이성적인가.

사실 화폐를 놓고 이성이니 비이성이니 논하는 건 적절치 않다. 경제학자들은 화폐가 교환의 편의를 위해 고안된 인간 이성의 발명품이라고 생각할지 모르겠지만, 실제로 화폐의 본질은 이성이라기보다는 신앙이다. 종잇조각을 아무리 뜯어보아도, 전자카드를 아무리 문질러봐도 그것이 갖는 힘의 비밀을 찾을 수는 없다. 오히려 우리 모두의 믿음이 저 무가치한 어떤 것을 믿을 만한 것으로 만들어준다. 그래서 프리드먼은 화폐에 대한 재밌는 정의를 내렸다. "화폐란 우리가 믿는 만큼 그 진실성이 커지는 허구이다. 모든 화폐제도는 어떤 점에서 본다면 하나의 허구에 불과한 것을 서로 받아들이기 때문에 존재한다."

여러분도 눈앞에 지폐 한 장을 꺼내놓고 보시라. 그것이 천 원이고 만 원인 이유는, 이상한 이야기지만, 여러분이 그것을 천 원이고 만 원이라고 믿기 때문이며, 상대방 또한 그것을 그렇게 믿어줄 것이라고 믿기 때문이다.

고귀한 것이 드물다

"인간(Mensch)이라는 말은 측량하는 자(Messende)를 뜻한다." 니체의 말처럼 인간은 사물이나 행동의 가치를 끊임없이 매기고 평가한다. 어느 시대나 가치를 평가하는 나름의 양식을 가지고 있다. 시장은 우리 시대 사물의 가치를 결정하는 중요한 메커니즘이다. 모든 상품들은 시장에서 그 이마에 가격표(화폐량)를 붙이고 있는데, 그것이 그것들의 가치이다. 그렇다면 시장에서는 어떤 것이 귀한 대접을 받는가. 바로 '드문 것이 고귀하다.' 이것을 경제학에서는 '희소성의 원리' 라고 부른다.

푸코에 따르면, 고전주의 시기(17~18세기)에 희소성은 상대적 결핍을 의미했다. 배고픈 자에게는 빵이, 멋부리고 싶은 자에게는 다이아몬드가 높은 가치를 갖는다. 각자에게 희소하기 때문이다. 근대(19세기) 이후 희소성은 절대적 결핍을 의미했다. 자연은 인간이 풍족하게 살 만큼 많은 것을 주지 않았기에, 인간이 재화를 구하는 데는 항상 수고로움이 따른다. 어떤 재화가 더 많은 수고를 요하는가에 따라 그 가치가 결정된다. 공급이 부족한 것, 생산하기가 어려운 것, 그것들이 가치가 높다.

그러나 몇몇 위대한 사상가들은 '희소성 원리' 와 비슷하지만 그 의미는 완전히 다른 주장을 폈다. 그들은 '드문 것이 고귀하다' 고 말하지 않고, '고귀한 것이 드물다' 고 했다. 대표적인 예가 스피노자이다. 그는 『에티카』의 마지막 문장을 이렇게 맺었다. "모든 고귀한 것은 힘들 뿐만 아니라 드물다(Sed omnia praeclara tam difficilia, quam rara sunt)." 고귀한 것들은,

다른 것 도움 없이 그 스스로 빛나는 까닭에, 다른 어떤 것들로도 교환되지 않는 특이성(singularity)을 갖고 있다. 고귀한 존재란 대체가 불가능한 존재이다. 교환불가능하기에 화폐로 표현될 수도 없다. 니체가 "가격을 갖고 있는 모든 것은 가치가 적은 것이다"고 말했던 것도 그 때문이다. 우리 시대엔 이런 고귀한 존재들이 너무 드물다.

과연 '드문 것이 고귀한가', '고귀한 것이 드문가?' 적어도 우리가 너무 당연하게 생각하는 '희소성의 원리'가 어떤 사회에서는 무척 낯선 것이었다는 점은 확실하다.

"아가타(agatha)는 인생 최고의 상(prize)이며 가장 바람직한 것이지만, 또 가장 드문 것이기도 하다. 이것은 현대 이론에서 '경제적'인 것의 판별기준, 즉 희소성으로 간주되는 그런 재화의 특질을 생각할 때 (참으로) 놀라운 것이다. 왜냐하면 명민한 사람은 그러한 인생의 상들을 생각할 때, 경제학자가 우리로 하여금 생각하게 하는 희소성과는 완전히 다른 원천에서 비롯된 그들의 '희소성'으로 인해 틀림없이 감명받게 될 것이기 때문이다. 경제학자에게 있어 희소성이란 자연의 인색함이나 생산에 수반되는 노동의 부담을 반영한다. 그러나 최고의 명예 및 가장 희귀한 영예는 이런 두 가지 이유 때문에 희소해지는 게 아니다. 그것들은 피라미드의 꼭대기에 대기실이 없다는 명약관화한 이유 때문에 희소한 것이다. 아가타의 희귀성은 지위, (의무의) 면제 및 보고(寶庫) 면에서 본래적인 것이다. 그런 것들이 많은 사람에게도 얻어질 수 있다면 현재의 영예로운 상태가 되지 못할 것이다. 따라서 실용적인 재화가 때로 희소해지건 그렇지 않건, 희소성의 '경제적 의미'는 초기 사회에 없었다. 왜냐하면 가장 희귀한 상(prize)도 이러한 물질적 재화의 희소성이란 체계로 이루어져 있지 않기 때문이다. 이 경우 희소성은 사물의 비경제적 질서에서 비롯된다."(칼 폴라니, 『초기제국에 있어서의 교역과 시장』 중에서)

선물

모스의 『증여론』(이상률 옮김, 한길사)은 경제학자들이 망각하는 '사회'의 존재를 환기시킬 때 사회학자들이 자주 인용하는 책이다. 시장을 초역사적인 것으로 보는 주류경제학자들은 시장의 원형을 원시경제에서 찾으려 한다. 그러나 모스에 따르면 그들이 상정하는 '생존을 위해 교환하는 자유로운 개인'은 원시경제의 주체가 아니다. 원시경제에서는 개인이 두드러지는 일이 없다. 교환도 생존의 고민도 모두 공동체의 몫이다. 그래서 원시사회에서는 공동체 전체가 굶는 일은 있어도 어떤 개인만 굶는 일은 없다. 게다가 교환의 대부분은 경제적 필요보다는 사회적 유대를 위한 것이다. 경제적 관점에서는 무익한 교환들, 가령 똑같은 물건을 바꾸는 일 같은 게 일어나는 것은 그 때문이다.

모스는 경제적 실익도 없는 교환을 통해 원시인들이 지키고자 했던 것의 정체에 대해 우리가 고민해야 한다고 말한다. 증여를 모르고 독차지할 생각만 할 때, 공동체 유대는 생각지 않고 사적 이익만 탐할 때 어떤 중요한 것이 파괴된다. 모두의 존재 기반인 '사회'가 그것이다. 시장경제가 최고의 성취를 구가할 때 삶의 위기가 찾아오는 것은 이 단순하지만 중요한 사실을 우리가 망각하기 때문이다.

그런데 모스의 훌륭한 책에 나는 딱 하나의 불만을 갖고 있다. 바로 선물[증여]을 교환의 하위범주로 이해했다는 것. 모스는 경제적 시각에서만 교환을 보는 것에 반대했지, 교환 자체에 대해서는 의문을 품지 않았다. 하지만 증여가 교환의 일종일까. 사실 모스의 사례들에서 우리가 보는 건 증여하는 장면뿐이다. 그런데 그는 두 번의 증여를 하나로 묶어서 '증여와 답례'라고, 즉 한 번의 '교환'이라고 말한다. 레비스트로스는 교환이 곧바로 드러나지 않은 장면에서 교환을 발견했다며 모스를 평가했지만 나는 이 점이 불만이다.

『증여론』을 읽으며 내게 생긴 의문들은 이런 것이다. 왜 원시인들은 그 자리에서 교환하지 않고, 한참 후에 답례하는 형식을 취하는가. 왜 그들은 뭔가를 받을 때 갚겠다는 암시를 하지 않는가. 물건을 줄 때는 왜 그것을 버리는 것처럼 하는가. 나는 여기서 모스와 생각을 달리한다. 원시인들은 교환을 피하고 싶어 한다고. 그래서 명백한 교환조차 교환이 아닌 것처럼 위장한다고. 실제로 원시인들은 자기 행동이 어떤 '대가'를 기대하는 걸로 비추어질까 경계한다. 대가를 주거나 받는 것은 이미 그 자체로 상업적이기 때문이다. 대가를 계산하는 것은 공동체 질서를 해친다. 그래서 많은 공동체들이 선물을 주고받는 데는 적극적이었지만 상거래는 엄격히 규제했다.

선물이란 주고받을 때조차 그냥 주는 것이지 교환하는 게 아니다. 지난 설에 나는 부모님께 10만 원 하는 한약재를 선물로 드렸는데, 공교롭게도 그날 어머니는 내 코트에 10만 원을 넣어두셨다. 돈벌이 없는 나를 걱정해서 찔러넣은 돈이 약값에 대한 지불이 된 셈이다. 그러나 이는 경제적 거래도 증여와 답례도 아니다. 두 개의 선물이 있을 뿐이다. 교환이 아닌, 증여 자체로 가치를 갖는 각각의 선물. 요즘 신문에 오르내리는 정치인과 공무원들은 자신이 받은 게 기부라고, 즉 선물이라고 우기는 모양이지만, 하나의 거래를 두 개의 선물로 착각한 건 아닌지 자문하길 바란다. 하나를 장려하고 다른 하나를 엄금했던 원시인들처럼 이 둘은 결코 혼동될 수 없기 때문이다.

선 물 과· 채 무

1. 신의 술책, 자본의 술책

니체의 『반그리스도』는 인류 역사상 최대의 선물을 가져온 그리스도가 어떻게 인류를 영원한 채무자로 만들어버렸는지를 말하는 책이다. 그리스도는 '모두가 구원받았다'는 복음을 들고 왔다. 그런데 그 선물(Gift)이 어떻게 독(Gift)이 되고 말았는가(독일어 'Gift'는 '독'이라는 뜻도 갖고 있다).

니체는 구원의 의미가 그리스도의 말과 실천, 즉 그의 삶 속에서 모두 표현되었다고 말한다. 그러나 그리스도가 십자가에 못 박힌 이후 그리스도교의 가르침을 지배한 것은 그의 삶이 아니라 죽음이었다. 누가 그를 죽였는가? 성직자들에 따르면 그리스도는 우리 때문에, 우리의 죄를 대신 갚기 위하여 죽었다. 우리가 지은 죄 때문에 우리를 대신해 죽은 것이다. 이로써 '우리 모두가 구원받았다'는 복음은 '우리 모두가 죄인이다'는 화음(禍音)이 되고 말았다. 결과적으로 인류에게 최대의 선물을 안긴 이는 인류를 최대의 빚쟁이, 죄인으로 만들어놓은 것이다. 그렇다면 그는 정말 인류에게 선물을 준 것인가.

빚을 안기고는 그것의 완전 상환을 영원히 지연시키는 것. 그것이 신의 술책이다. 채권자인 신은 채무자들이 도저히 갚을 수 없는 빚을 창안해냈다. 그래서 인류는 신에게 영원히 빚진 자로서 나타난다. 재미있는 것은 자본의 술책이 이런 신의 술책을 닮았다는 사실이다.

현재의 모든 전략은 사람들이 청산할 수 없는 빚, 신용, 비현실적이고 보잘것없는 것을 순환시키는 것으로 요약된다. 그런 식으로 니체는 신의 술책을 분석했다. 즉 예수 그리스도가 희생해서 인간의 빚을 갚음으로써, 위대한 채권자인 신은 이 빚을 더 이상 채무자들이 갚을 수 없는 것으로 만들어버렸다. 왜냐하면 이 빚은 채권자에 의해 이미 상환되었기 때문이다. 그리고 신은 인간이 원죄로 지게 되는 이 빚의 끝없는 순환 가능성을 창조한다. 이것이 신의 술책이다. 그러나 또한 자본의 술책이다. 사실 자본의 술책은 세계를 언제나 증대하는 빚 속에 빠뜨리는 동시에 빚이 청산되지 않도록, 그 어떤 것과도 교환될 수 없도록 하면서 빚의 상환에 전념하게 만드는 데 있다. 그리고 그것은 현실과 가상에 대해서도 사실이다. 즉 가상의 끝없는 순환 때문에, 현실은 더 이상 그 어떤 것과도 교환될 수 없을 것이다. (장 보드리야르, 『불가능한 교환』 중에서)

2. 외할머니와 사탕

어린 시절 외할머니는 내 앞에서 종종 사탕을 집어 던지셨다. 설탕이 잔뜩 묻은 무지개 사탕이었다. 할머니는 내게 사탕을 던지실 때마다 이렇게 말씀하시곤 했다. "이렇게 깡깡한[단단한] 걸 누구 먹으라고 만든다냐! 고얀 놈들!" 어린 나는 할머니가 참 바보스럽다고 생각했다. "드시지도 못할 걸 사놓고는 괜히 맛있는 사탕 만드는 사람 탓하시긴. 한두 번도 아니고." 매번 횡재했다고 생각한 나는 할머니가 버리듯이 던진 사탕을 잘도 받아먹었다.

지금 생각해보면 여기에는 진정 놀라운 선물의 기술이 들어 있다. 받는 자에게 아무런 채무도 안기지 않으려고 하는, 받는 자를 진정으로 배려하는 선물의 기술. 만약 할머니가 "이 사탕은 내가 정말 고생고생해서 아낀 돈으로 너를 사주는 거다"고 하셨다면, 나는 그렇게 편안히 사탕을 먹지 못했을 것이다.

실제로 원시 부족들이 선물하는 장면들 중 비슷한 장면들이 있다. 한 부족이 다른 부족에게 무언가를 선물할 때 그들은 그것을 내버리는 것처럼 행동한다. 그러면 다른 부족이 그것을 집어 들고는 횡재라도 한 양 즐거워한다(『증여론』에서 모스는 이 장면을 소개만 할 뿐, 깊이 있게 분석하지 않았다). 여기에 선물하는 자의 배려가 있다. 받는 자가 횡재했다고 느낌으로써 아무런 부담 없이 그것을 쓰도록 주는 자가 배려하는 것이다.

그리스도교 성직자들의 문제는 여기에 있는 것 같다. 그들은 그리스도의 선물이 받는 자에게 최대의 채무 감정을 유발하도록 만들었다. 그것이 사람들을 지배하는 그들의 방식이었다. 그러나 바로 그것 때문에 신에 대한 사람들의 사랑은 멀어졌다. 채무자가 채권자를 사랑한다든지, 죄인이 심판자를 사랑한다는 것은 너무 어려운 일이기 때문이다.

사 회

'인간은 사회적 동물이다.' 사회학을 전공해서일 수도 있지만, 나는 아리스토텔레스가 했다는 이 말을 인간을 인식하는 기본 전제로 삼고 있다. 인간은 서로 어울려 살 수밖에 없으며, 사회 속에서만 '인간은 인간이다'. 그런데 이런 내 믿음을 곤혹스럽게 만든 책이 하나 있다. 한나 아렌트(Hannah Arendt)의 『인간의 조건』(이진우 외 옮김, 한길사). 내 독해가 틀리지 않다면 그 말에 대한 그녀의 해석은 이렇다. '사회 속에서 인간은 정말로 동물과 같다.' 뒤통수를 맞은 느낌이랄까. 인간은 사회 속에서 인간인가, 동물인가.

동족과 함께 산다는 것은 "인간과 동물의 삶에 공통된 것이지 다른 점이 아니다". 그렇다면 아리스토텔레스는 인간이 특별한 존재인 양 왜 그런 말을 했을까. 아렌트는 우리에게 흥미로우면서도 중요한 사실 하나를 지적한다. 아리스토텔레스는 인간을 '사회적 동물'이라고 한 게 아니라 '정치적 동물'(zōon politikon)이라고 했다. 그런데 세네카가 이 말을 '사회적 동물'(animal socialis)로 번역했고, 아퀴나스는 두 말이 사실상 같다고 했다. 아렌트에 따르면 이는 대단한 오해이다. 본래 그리스에는 '사회'(societas)를 지칭하는 말이 없다. 말만 없는 게 아니라 그것으로 부를 만한 삶의 형태가 없다. 이상하게 들리겠지만 그리스인들은 결코 사회생활을 하지 않았다. 도대체 이게 무슨 말인가.

그리스인들의 생활은 크게 둘로 나뉜다. 하나는 '폴리스'(polis)에서의 생활이고, 다른 하나는 '오이코스'(oikos)에서의 생활이다. 폴리스는 공적인 토론과 결정이 이루어지는 곳이다. 각 개인들은 이곳에서 말과 품성으로써 자기를 드러내고 상대방을 설득한다. 오이코스는 반대로 사적 살림살이 영역이다. 생명을 유지하고 종족을 보존하는 데 필수적인, 욕구와 필요의 영역이라고 할 수 있다. 양육과 출산, 경제적 생산이 여기서 이루어진다.

그런데 그리스인들에게 이 두 영역의 구분은 절대적이다. 공적 영역과 사적 영역, 정치와 노동, 자유와 필연, 자유인과 노예. 폴리스와 오이코스를 혼동하는 것은 이 모든 것들을 혼동하는 것과 같다. 특히 폴리스에 대한 그들의 예찬은 대단했다. "자유인은 가난할 때조차 보장된 일보다는 불안정한 일을 선호한다. 그들은 그런 일이 고통스럽다 해도 그것을 가내 노예들의 안일한 생활보다 좋아했다." 먹고 자는 것에 매이지 않고, 공론을 자유롭게 논하는 것, 공적인 일에 자기 덕을 과시하는 것, 그리스인들은 그것을 가장 중시했다. 그렇다고 오이코스를 무시한 것은 아니었다. 그것은 폴리스를 위한 수단적 가치를 지녔다. 오이코스에서 문제가 생기면 폴리스 활동에 지장이 생기기 때문에 잘 관리할 필요가 있었다.

근대의 '사회'는 둘 중 어디에 속하는가. 둘 중 어느 것도 아니다. 사회란 이 둘의 구분이 사라졌을 때, 다시 말해 정치의 영역과 가계의 영역이 혼동되었을 때 나타난다. '사회'라는 말 자체는 분명히 고대 로마에도 있었다. 특별한 목적으로 만들어진 사람들의 결사체, 특히 정신적 물질적 이해를 함께 하는 상인들의 결사체를 가리키는 데 그 말이 사용되었다. 사람들은 그런 결사체들이 공적인 성격을 갖지 않는다는 것을 잘 알고 있었다. 그들의 활동은 제아무리 큰 규모라 해도 결국엔 가계의 활동이었고, 사적인 이해관계를 넘어서지 않는 것이었기 때문이다.

그러나 근대에 들어 '사회'는 사적이면서 동시에 공적인 것이 되었다. 아렌트의 표현을 빌리자면 공적 영역과 사적 영역이 "파도처럼 끊임없이 서로 뒤섞이면서" 나타난 영역이라고 할 수 있다. 만약 고대 그리스에서 누군가 자신의 오이코스 문제를 해결하기 위해 폴리스에 참여한다면 대단한 비난을 면치 못할 것이다. 하지만 근대 사회에서는 대부분의 공적 활동이 사적 이해관계와 밀접히 연관되어 있다. 정치 당파들은 각종 이익집단들을 대변한다.

분명히 그리스인들의 눈에는 사적 복리나 재산증식을 위해 공기업 유치경쟁을 벌인다든지, 집값 떨어질까봐 쓰레기 소각장 등의 '혐오시설'을 거부한다든지 하는 행동들이 부도덕하게 비칠 것이다. 폴리스와 오이코스를 혼동하지 않는다면 그런 행동은 불가능하다. 하지만 근대 사회의 공론장에서는 그런 것들이 주로 논의된다. 사회란 그런 점에서 공적 영역으로 진출한 사적 영역, 오이코스 방식으로 운영되는 폴리스와 같다. 그리고 정치란 공적 영역에서 사적 이해를 조정하는 기술처럼 되었다.

정치경제학(political economy)이 근대에 탄생한 것은 결코 우연이 아니다. 정치경제학은 그 이름부터가 폴리스와 오이코스의 혼합이다. 정치경제학자들은 오이코스, 즉 '살림살이'의 단위로서 국가를 바라보았다. 그리고 사적 이익의 경쟁적 추구가 공적으로도 유익하다는 주장을 펼쳤다. 오늘날에는 '정치경제학'이 '경제학'의 하위 분과지만 역사적으로 보면 정치경제학이 경제학의 선행 학문이다. 아마 정치경제학이 없었다면 경제학은 탄생하지도 못했을 것이다. 국가 전체를 살림살이 단위로 보고, 인간관계 일반을 이익추구라는 관점에서 이해하는 학문. 그런 학문은 분명히 사적 오이코스의 논리가 공적인 의미를 획득한 후에나 가능하기 때문이다.

하지만 공적 영역을 사적 이익을 위한 공유수단 정도로 인식하는 것이 얼마나 위험하고 무책임한 태도인지는 역사가 증언하고 있다. 빈곤층의 양산과 공동체의 파괴. 판 전체가 깨질 위험이 있다. 19세기의 혁명들은 이 점을 인식시키려 했다. 그리고 혁명가들은 '사회' 개념 자체를 재발명하려 했다. 이들은 '사회'를 사적 이해관계를 넘어서는 '전체'로서 규정했고, 그것이 부르주아 '소유주들의 위장된 조직'으로부터 보호되어야 한다고 믿었다.

그러나 그들의 시도가 얼마나 성공했는지, 그리고 오늘날 우리

가 '소유주들의 위장된 조직으로서의 사회'에서 얼마나 벗어나 있는
지는 확실치 않다. 다만 함께 살아가는 동료들, 빈곤하고 몸 아픈 동료
들에 대한 복지비용조차 경쟁력을 저해한다며 아까워하고, 사적 이익
을 위한 악다구니가 정치의 핵심을 이루고 있는 사회라면, 게다가 우
리가 그 속에서 사적 이익에 눈멀어 서로 으르렁대고 있다면, 사회 속
에서 우리는 틀림없는 '동물'이다.

동물은 동물적인가

　　표트르 크로포트킨(Pyotr Kropotkin)은 『상호부조론』 서문의 첫 단락
에 이렇게 썼다. "대부분의 다윈주의자들은 동종간의 치열한 경쟁이 생존경
쟁의 가장 두드러진 특징이자 진화의 주요인이라고 주장하지만, 나로서는
동물의 개체수가 풍부한 몇 안 되는 지역에서조차 그것을 발견하기 어려웠
다." 그는 다윈의 진화론이 과학을 넘어 신앙의 지위까지 오르려던 시절에,
감히 '나는 그것을 못 보았노라'고 말했다. 유라시아 대륙을 돌아다녔고 바
이칼호 근처를 뚫어져라 보았는데도 그는 종내 상호투쟁을 별로 보지 못했
다. 대신 그가 본 것은 개체들의 상호부조였다. 자연이 혹독한 눈보라를 내
리고, 다른 종들이 무자비한 싸움을 걸어올 때도, 아니 그럴 때일수록 동종
끼리는 서로 돕는 걸 더 많이 보았노라고, 그는 말했다.

　　동물은 동종끼리 생존수단을 놓고 싸운다는 것, 그리고 이 싸움의 과

정에서 약자는 도태되고 강자가 선택된다는 것. 19세기 만연했던 사회진화론은 이런 인식을 인간세계로 확장한 것이었다. 여기에 반대했던 이들은 동물과 인간의 연결을 끊어버림으로써 대응하고자 했다. 이들은 인간의 지성이 동물로의 타락을 막아줄 것이라 믿었다. 한쪽에는 '우리도 알고 보면 늑대'라고 말하는 사람들이 있었고, 다른 한쪽에는 '우리는 더 이상 늑대가 아니다'라고 말하는 사람들이 있었던 셈이다.

크로포트킨은 이들로부터 정말 멀리 떨어져 있던 사람이다. 그러면 이렇게 말했을 것이다. '늑대도 늑대적이지 않다.' 늑대가 서로 협력하지 않았다면 그들은 일찌감치 굶어 죽었을 것이다. "꿀벌은 의태나 그 이외의 보호 기능이 없는 곤충이다. 만약 꿀벌이 고립되어 살아가는 곤충이었다면 이런 기능들 없이는 멸종을 피하기 힘들다. 그렇지만 꿀벌은 상호부조를 실천하는 덕택에 우리가 알다시피 넓게 분포되어 있고 또한 찬탄할 정도의 지능을 얻게 되었다." 상호경쟁하는 종이 아니라 상호부조하는 종이 자연의 혹독한 시련 속에서 살아남는다. 이것이 그의 주장이다.

코뮌은 인간을 포함해서 모든 동물들의 삶에 내재한다. '늑대였던 우리가 어떻게 시민이 되었을까'와 같은 홉스식 질문은 불가능하다. 하지만 홉스가 생각한 '늑대-인간'은 최근의 산물이다. 오히려 설명되어야 할 것은 '어떻게 우리가 서로 적대적 상태로 빠져들었을까'이다. 코뮌주의가 본래적이기 때문이다. 동물은 물론이고 원시사회, 중세사회, 근대사회, 그 어느 시대에도 코뮌과 상호부조가 선행했다. 코뮌이 먼저 있었고, '자기 안의 자율 통치체를 부인'하는 국가가 나중에 왔다. 상호부조가 먼저 있었고, '처절한 생존경쟁'의 시장이 나중에 왔다. 국가 안에서, 시장 안에서 우리는 코뮌주의와는 완전히 다른 삶을 살고 있다. 그러나 코뮨주의는 내재적이고 자연적이기에 언제 어디에도 있다. 크로포트킨이 어떤 조건에서도 희망을 잃지 않았던 이유이다.

독일과 오스트리아의 전쟁포로들이 키예프의 거리를 지친 모습으로 터벅터벅 걸어가고 있을 때, 이를 본 러시아 농촌 여인들은 그들 손에 빵이나 사과 때로는 동전을 건네주었다. 수많은 러시아 남자와 여자들은 적과 동지, 장교와 사병 등을 가리지 않고 다친 자들을 돌보아주었다. 전쟁이 벌어진 프랑스와 러시아에서 마을을 떠나지 못한 늙은 농민들은 민회를 열어 전쟁터에 나간 사람들의 논밭도 경작해주기로 결정하고는 적의 포화를 무릅쓰며 쟁기질을 하고 씨를 뿌렸다. ……이런 경험들은 마치 인류의 초기 단계부터 발휘된 상호부조가 오늘날 문명화된 사회의 가장 진보적인 제도를 낳은 것과 마찬가지로 새로운 제도들을 이끌어낼 것이다. ……세계를 비참함과 고통으로 몰아넣은 이 전쟁[제1차 세계대전]의 와중에서도 인간에게는 건설적인 힘이 작동한다고 믿을 여지가 있으며, 그러한 힘이 발휘되어 인간과 인간, 나아가 민족과 민족 사이에 더 나은 이해가 증진될 것이라고 나는 진심으로 희망한다.(표트르 크로포트킨, 『상호부조론』, 「1914년 판 서문」 중에서)

인권

인권이란 인간이 갖고 있는 가장 원초적 권리이다. 다른 모든 '권리'(right)들은 그 '올바름'(right)을 보증해주는 별도의 법적 근거를 갖지만 인권은 법에 규정되어 있을 때조차 그 법적 근거 때문에 보장받는 권리가 아니다. 사람들은 그것을 차라리 '하늘에서 받았다'고 말한다. 필요한 것은 오직 하나, 인간이라는 '사실' 뿐이다. 이 '사실'이 곧바로 '권리'이다. 그래서 '내게는 인권이 있다'는 말은 '나는 인간이다'란 선언과 같고, '내 인권을 보장하라'는 말은 '나를 인간으로 대접하라'는 요구와 같다.

그런데 최근 들어 부쩍 '인권' 문제가 부각됨을 느낀다. 고문, 납치, 살인 등 인간을 인간으로 대하지 않았던 야만의 과거사를 정리하는 문제도 있고, 지난 시절 자각하지 못했거나 제기할 수 없었던 각종 차별들이 새롭게 인식된 탓도 있다. 하지만 몇몇 사안들은 현재 벌어지고 있는 사태를 다룬다는 점에서 과거사 정리와 다르며, 아주 전통적인 주제라는 점에서 새로운 인권의식과도 거리가 있다. 그 대표적인 예가 노동과 관련된 경제적 권리들이다.

2005년 4월 14일 국가인권위원회는 국회에 계류 중인 비정규직 관련 정부 법안에 수정을 권고했다. 인권위는 해당 법안이 비정규직 차별을 해소하는 데 미흡하다고 지적하고, 비정규직이 고용의 일반 원칙으로 발전해가는 현실에 우려를 표명했다. 정부와 재계는 크게 당혹해하는 것 같다. 고용문제를 인권위가 직접 다루는 걸 도저히 납득하지 못하겠다는 눈치다.

그러나 외환위기 이후 노동자들의 권리투쟁은 최소한 두 가지 측면에서 인권 투쟁으로 변모했다. 첫째, 이들의 요구는 노동에 대한 대가가 아닌 생존 자체에 대한 요구가 되었다. 노동자들의 목소리는 '내 몫을 달라' 라기보다는 '나를 살게 해달라' 는 쪽에 가까워졌다. 이것은 법적 권리다툼의 영역이 아니라 삶의 외침이 울려나오는 장소, 틀림없는 인권의 영역이다. 둘째, 신자유주의의 공세 속에서 노동자들의 권리를 옹호해줄 도덕적·이데올로기적 자원이 괴멸되었다. 시장 경쟁력과 효율성이 모든 권리 요구들을 제압한 상황에서 인권은 사실상 도덕적·이데올로기적 투쟁의 마지막 보루라고 할 수 있다.

자본주의는 인간을 상품으로 대한다는 점에서 기본적으로 인권을 박탈하는 체제다. 경제적 인권에 대한 요구들 중 상당수가 자본주의 사회에서 억지처럼 보이는 것은 그 때문이다. 하지만 인간다운 삶에 대한 요구를 부당한 억지 내지 경쟁력 저해 비용으로만 간주한다면, 사회가 자본주의보다 먼저 위험에 처하게 될 것이다. 인권이 자주 발동된다는 것은 법적, 논리적 시비 이전에 어떤 근본적 물음이 던져지고 있다는 뜻이다. 인권위는 점잖게 "양극화된 우리 사회가 건강하게 발전할 수 있을까"라고 물었지만, 실제로는 함께 살아간다는 것 자체에 심각한 회의가 싹트고 있는 게 아닐까.

"우리를 사람으로 취급하지 않으면 우리도 사람처럼 행동하지 않겠다." 4월 20일 '장애인의 날'을 '장애인 차별 철폐의 날'로 바꿔 부르며 인간의 권리를 전면에 내세웠던 '420 공동투쟁단'이 외쳤던 구호이다. '나를 인간으로 대하라!' 나는 이 외침을 권리보다는 투쟁의 외침으로 듣는다.

천부인권. 하늘이 그 권리를 내리셨다고들 한다. 하지만 내가 보기에 하늘이 내리신 것은 권리가 아니라, 권리를 위해 투쟁할 의지와 능력인 것 같다. 그리고 그것은 신이 아니라 인간이 인간에게 전하는 메시지다. 인간은 인간이기 위해서 투쟁해야 하며, 인간을 인간으로 대접하지 않는 사회 너머에는 모든 법적·이데올로기적 시비를 넘어서는 투쟁이 존재한다는.

⦿ 고추장의 독서메모

절망적 권리, 희망적 권리

우리가 통상 '프랑스 인권선언'이라고 부르는 1789년 선언의 정확한 이름은 「인간의 권리와 시민의 권리에 대한 선언」(Déclaration des Droits de l'homme et du Citoyen de 1789)이다. 인간과 시민을 나란히 쓴 점이 자못 흥미롭다. 선언문의 작성자들은 자연적 존재인 '인간'과 정치적·법적 존재인 '시민'을 구분하고 있었던 것으로 보인다.

하지만 막상 내용을 따져보면 이들이 '인간'과 '시민'을 어떻게 구분했는지 알 수가 없다. 발리바르(E. Balibar)의 말을 빌리자면, "「선언」을 읽어보면 '인간의 권리'와 '시민의 권리' 사이에 현실적으로 내용상 어떤 편차도 존재하지 않음을 알게 된다. 즉 그 둘은 정확히 동일한 것이다. 그 결과 적어도 그것들이 자신들이 갖고 있는 권리의 성격과 외연에 의해 실천적으로 '정의'되는 한――그런데 이것이 「선언」의 목적이다――인간과 시민 사이에도 편차나 차이가 존재하지 않는다."(「'인간의 권리'와 '시민의 권리' : 평등과 자유의 현대적 변증법」)

게다가 「선언」의 제3조에는 이런 규정이 있다. "모든 주권의 원천은 본질적으로 국민(la Nation)에게 있다. 어떤 단체도 개인도 명시적으로 그것에서 유래하지 않는 권위를 행사할 수 없다." 즉 모든 권리는 '국민'으로부터만 유래함을 분명히 하고 있다. 이는 개별적으로 파악된 인간과 시민을 집합적으로는 국민과 동일시하고 있음을 보여준다. 따라서 「선언」에는 '인간=시민=국민'의 삼항등식이 들어 있다.

권리가 법적이고 제도적인 것이라면 우리는 시민의 권리 이상의 권리에 대해 말할 수가 없을 것이다. 그러나 권리가 법이나 제도로 보호받는 것이 아니라면 그 권리란 공허한 선언에 불과할 것이다. 여기에 인권의 딜레마가 있다. 즉 인권이 그 자체로 의미 있는 권리가 되기 위해서는 법과 제도의 보호를 받을 수 없는 존재가 가진 권리여야 하는데, 정작 그런 존재에게는 실질적 권리가 없기 때문이다. 인권을 누릴 자격은 '단지 인간'만으로 충분하지만, '단지 인간'이기만 해서는 현실적으로 인권을 누릴 수가 없다.

아렌트는 '난민'(refugees)의 형상에서 이 역설을 발견했다. "인권은 정부와 관계없다고 생각되었기 때문에 '양도할 수 없는' 것으로 정의되어 왔다. 그러나 사람들에게 자국 정부가 없어지고 그래서 최소한의 권리에 의지해야 하는 바로 그 순간, 그들을 보호해줄 권위도 없어지고 그들을 기꺼이 보장해줄 제도도 없어진다는 사실이 밝혀졌다."(『전체주의의 기원』) 그래서 "죽음의 수용소의 생존자들, 강제수용소나 포로수용소의 피감자들"처럼 "단지 인간이라는 추상적이고 적나라한 사실"만을 가진 사람들은 바로 그 사실 때문에 큰 위험에 처하게 되는 것이다.

결국 공동체 바깥에 존재하는 적나라한 인간은 현실적으로 인권을 갖고 있지 않다. 그래서 아렌트는 인권이야말로 인간이 자기 행위를 의미 있게 발휘할 수 있는 공동체를 필요로 한다고 말한다. 그에 따르면 인권이란 그런 공동체에 살아갈 권리, 그래서 공동체가 부여하는 권리를 가질 수 있는 권리라고 할 수 있다. 노예제가 반인권적인 것도 자유의 권리를 부인당해서라기보다는(전시〔戰時〕에는 시민들도 자유를 일정하게 박탈당한다) 자유의 '권리를 가질 수 있는 권리'(right to have rights), '자유를 위해 싸울 수 있는 가능성'을 배제했다는 데 있다(『전체주의의 기원』). 그렇게 보면 인권이란 동어반복이거나('권리를 가진 자들의 권리'로서 말할 때) 무의미한 것('권리 없는 자들의 권리'로 말할 때)이다.

하지만 내 생각에 우리가 이런 서글픈 결론에 이르는 것은 권리를 법적·제도적인 것으로, 그리고 권리 주체를 '인간=시민=국민'으로 한정할 때이다. 이는 정치에 대한 시각과도 관련되어 있다. 아렌트에게 정치는 권리를 가진 자들(이들 권리 주체가 바로 정치 주체이다)의 영역이지만, 실제로 정치적 갈등은 권리 자체를 둘러싸고 일어난다. 즉 '무엇을 권리로 할 것인지', '권리 주체는 누구인지' 등이 곧바로 정치적 갈등의 대상이다.

따지고 보면 권리도, 권리 주체도 소유되고 승인되기 이전에 창안되는 것이다. 권리의 창안과 관련하여 '권리를 갖지 못한 자들'의 존재와 힘은 각별한 의미를 갖는다. 아렌트는 이들의 힘을 사실상 부정했지만, 이들 '자격 없는 자들'이 항상 발가벗은 채로 존재하는 것은 아니다. 권리 자체를 둘러싼 싸움, 법과 제도를 둘러싼 싸움에서 이들은 '권리를 가진 자들'만큼이나 정당한 정치적 권리를 가진다. 그리고 이들의 투쟁은 이들을 권리 바깥으로 내몰았던 체제의 변형을 수반할 수밖에 없다.

아렌트는 "수세기 동안 유럽을 위협했던 몽고인들"과 같은 '체제 밖 야만인들'이 이젠 사라졌다고 말하지만, 내 생각에 몽고인들은 지금 유럽과 미국 안에서도 생겨나고 있다. 이미 국적 없는 이민자들 중 많은 수가 국적 획득에 대한 열망 없이 살아가고 있다(이들은 종종 '데니즌'[denizen]이라 불린다). 아렌트가 권리 상실의 장소, 더 정확히 말하자면 '장소 상실의 장소'라고 생각했던 공동체 바깥이 꼭 정치적 절망 지대인 것만은 아니다. 권리 상실의 장소는 권리 창안의 장소일 수도 있는 것이다. '고향을 잃었다'는 게 아렌트에게는 절망의 표현이었지만, 니체에게는 희망과 자부심의 표현이었듯이.

국가

정치학에서 홉스는 '리얼리스트'로 통한다. 그는 국가의 출현에 대한 도덕적 정당화를 포기한 사람이다. 그는 참 '쿨하게' 말했다. 국가는 짐승들 세계에 출현한 또 다른 짐승일 뿐이다. 하나님도 군자도 아닌 괴물, '리바이어던'이 그것의 참된 형상이다.

괴물인 국가. 하지만 정치사적으로는 국가에 대한 그의 견해가 더 괴물 같았다. 그는 국가와 자연(본성)에 대한 고대의 생각을 완전히 뒤엎었다. 서구의 오랜 자연법 전통에 따르면 '자연상태'는 우리 본성에 일치하는 가장 이상적인 상태다. 현자들은 자연상태 속에서 모두가 따라야 할 모범을 발견했으며, 국가는 신민들을 그곳으로 이끌려고 했다. 하지만 홉스가 기술한 자연상태는 정반대다. 그것은 욕망과 충동이 지배하는 미개하고 야만적인 상태다. 거기서는 힘이 권리이고, 물리학 법칙이 유일한 법이다. 제한된 재화를 차지하려는 늑대와 늑대의 싸움, 만인에 대한 만인의 전쟁. 그것이 자연상태다.

    국가의 목적은 이런 끔찍한 자연상태, 즉 전쟁상태로부터 우리를 구원하는 데 있다. 국가가 이 일을 할 수 있는 건 그 자신이 다른 짐승들을 제압할 수 있는 가장 무서운 짐승이며, 두려운 전쟁상태를 끝낼 수 있는 가장 두려운 존재이기 때문이다. 개인들은 국가의 위압적 힘 아래서만 자신의 자연권을 양도하고 안정적인 계약을 맺을 수 있다. 참으로 거침없는 발언이다. 고상한 이념이나 지고의 선(善)이 아니라 국가 폭력이 사회를 떠받치고 있다니. 게다가 국가의 기원이 야만적인 전쟁상태에 있다니.

    하지만 홉스가 정말 국가 이미지의 전복자이고 국가 기원에 대한 폭로자일까. 불행히도 나는 그를 대단한 위선자라고 생각한다. 그는 국가의 기원을 적나라하게 폭로한 것 같지만 실제로는 국가에 대한 근본 물음을 봉쇄하고 있다. 그는 국가가 없다면 끔찍한 전쟁과 혼돈이 찾아올 것이라고 겁을 준다. 그래서 우리로 하여금 국가에 반항하거나 국가에 의문을 표하는 것을 금한다. 도대체 이 괴물은 어디서 왔으며 정체는 무언가. 그에게 정말 우리 자신을 맡겨도 좋은가. 홉스의 국가론에선 모든 것이 적나라하지만 딱 한 존재만이 신비하다. 모든 늑대들이 자연권을 포기했지만, 딱 한 괴물만이 그 권리를 포기하지 않았다. 그러나 우리는 더 이상 물을 수 없다. 홉스는 말한다. 국가의 공포가 아니면 전쟁의 공포를 막아낼 수가 없다고. 전쟁을 상상해보라고. 자유를 조금 자제하는 것이 더 낫지 않느냐고.

    나는 홉스를 리얼리스트라고 부르는 게 잘못이라고 생각한다. 왜냐하면 그는 현실을 볼 때조차 상상하게 하기 때문이다. 푸코가 잘 지적했듯이 그의 전쟁은 "피도 시체도 없는 일종의 재현 게임"이다. 국가는 적의 야만성, 테러의 공포를 끊임없이 상상케 함으로써 자신의 야만과 테러를 감추어버린다. 전쟁과 테러에 대한 공포를 환기시킴으로써 시민들의 자유를 빼앗고, 테러리스트의 야만성을 시청케 함으로써 자신의 침략전쟁과 테러를 못 보게 한다.

그래서 나는 홉스식 전쟁이 사실은 실제의 전쟁을 은폐하기 위한 가짜 전쟁이고, 홉스가 말한 권리의 양도가 양도되지 않는 권리를 은폐하는 가짜 양도라고 생각한다. 진짜 쿨한 리얼리스트였던 니체는 이렇게 말했다. 국가는 괴물이 아니라 "온갖 연기를 피우며 시끄럽게 짖어대는 위선적 개 한 마리에 불과하다".

국가의 생존전략

국가 없이 살 수 있을까. 누구나 고개를 절레절레 흔들 것이다. 작은 공공서비스에서 거대한 사회질서까지 국가 없이 사회는 단 한 순간도 유지되지 못할 것이다. 그런데 청개구리 품성 때문인지, 나는 반대가 사실이 아닐까 생각해본다. 즉 국가야말로 우리 사회의 어떤 배치에 의존하고 있는 건 아닌지, 그래서 국가는 그런 배치 없이는 단 한 순간도 존재할 수 없는 건 아닌지.

피에르 클로소프스키(Pierre Klossowski)는 이런 재미있는 말을 했다.

"권력구성체(주권구성체, Herrschaftsgebilde)는 자신들이 만들어내는 조직적 목표를 통해 지상권[주권]의 목표와 의미가 없음을 숨기는 것밖에 관심이 없다." 권력구성체라는 니체 개념에 붙인 재치있는 해석이다. 나는 이 글을 읽을 때마다, 자신의 일이 무의미하게 비춰질까봐 노심초사하며 자기 일의 의미를 과대포장하고 항상 바쁜 척하는 관료들을 떠올린다. 국가란 이런 공무원이 아닐까. 자신이 뭔가 대단한 일을 하고 있다는 생각을 갖게 하는 것(니체는 그것을 '눈을 매수한다'고 했다)이야말로 국가의 생존전략이 아닐까.

우리에겐 불가능해 보이는 '국가 없는 사회'가 원시부족들에게는 실재했다. 이런 이야기를 꺼내면 대개 이런 반응이 나온다. "당연하지. 그들은 미개하니까. 그들은 국가를 극복한 사람들이 아니라 국가를 갖지 못했던 사람들이다." 그런데 인류학자 클라스트르의 생각은 조금 다르다. 국가의 부재는 그들의 미개함이 아닌, 어떤 능력, 어떤 투쟁의 결과라는 것이다. 그들은 이런 사회가 단순히 '국가가 없는 사회'가 아니라 '국가에 대항한 사회'라고 말한다. 그의 놀라운 책, 『국가에 대항하는 사회』를 꼭 읽어보시길.

"원시사회는 국가 없는 사회다. 그 자체로 옳은 이 사실판단은 실제로는 …… 어떤 가치판단을 은밀히 숨기고 있다. 실제로 이 명제에 들어 있는 것은 모든 사회—우리 사회도 마찬가지다—와 마찬가지로 원시사회도 반드시 갖추어야 할 어떤 것(국가)을 원시사회가 갖추고 있지 않다는 것이다. 따라서 원시사회는 불완전하다. 원시사회는 진정한 사회가 결코 아니며—국가로서 질서 잡히지 않았기에—, 하나의 결여(국가의 결여)라는 고통스런 경험에서 벗어나지 못하고 그 결여를 메우려고 노력하면서도 결국은 국가를 성취하지 못하고 만다. …… 국가 없는 사회는 생각할 수도 없고, 국가는 모든 사회의 숙명이라는 것. 우리는 이런 접근 속에서 대부분 무의식적이기는 하지만 아주 강한 자기중심주의의 편견을 발견할 수 있다.

…… 고대적 사회가 거의 언제나 여러 가지를 결여하고 있는 부정적 성격을 가진 사회로 규정되는 것은 상식이 되다시피 했다. 국가 없는 사회, 문자 없는 사회, 역사 없는 사회, 시장 없는 사회 따위가 그런 예이다. …… [그러나] 원시사회의 성격은 불완전함, 불충분함, 결여 등으로 규정될 수 없다. 오히려 그것은 어떤 적극적인 것으로서, 자연환경과 사회적 계획의 지배로서, 스스로의 사회 존재를 변질시키고 부패시키며 해체시킬 수 있는 것을 외부에 드러내지 않는 의지로서 규정되어야 한다. 이 점을 확실히 놓치지 말아야 한다. 원시사회는 나중에 출현할 사회의 미성숙한 배아가 아니며, 무언가 이상한 병에 걸려 '정상적' 발전을 못하는 사회체가 아니다. …… 즉 우리 자신의 사회체계로 곧바로 이어지는 역사적 논리의 출발점이 아니라는 것이다."

클라스트르는 원시사회에 정치적 권력의 발생을 선험적으로 저지하는 강력한 메커니즘이 존재했음을 자세히 분석한다. 그에 따르면 경제적 교환과 잉여의 축적을 막고, 추장의 군주로의 전환을 막는 원시사회의 다양한 장치들이 국가의 존재를 불가능하게 만든다.

부족사회에는 왕이 없고 단지 국가의 추장이 아닌 추장이 있다. 이는 무엇을 의미하는가? 그것은 추장이 일체의 권위와 강제력, 명령을 내릴 수 없음을 뜻한다. 추장은 명령을 내리는 자가 아니며 부족민들은 복종해야 할 어떤 의무도 갖고 있지 않다. 추장제의 공간은 권력의 장이 아니며, 원시사회의 '추장'은 앞으로 나타날 전제군주의 모습과 전혀 다르다. 국가 장치가 원시사회의 추장제로부터 출현할 수 없다는 것은 분명하다.

"…… 원시사회의 추장은 권력 없는 추장이라는 것을 잊어서는 안 된다. 추장이 자신의 욕망을 위한 명령을 그것을 거부하는 사회에 강요하는 것은 불가능하다. 그는 위신에 대한 욕망과 그 욕망을 실현할 권력이 없다는 점 사이에 갇힌 죄수이다. 〔그러므로 자기 욕망을 위해 부족을 동원하려 할 경우〕 전사는 고립된 상태에서 죽음에 이를 수밖에 없는 가망 없는 전투에 참가할 수밖에 없다. 그것이 남아메리카의 전사 푸시웨의 숙명이었다. 그는 사람들이 원치 않는 전쟁을 하도록 부추겼기에 그의 부족으로부터 버림받았다. 그는 홀로 전쟁을 수행할 수밖에 없었고, 결국 적의 화살을 맞고 죽었다. 죽음은 전사의 운명이다. 왜냐하면 원시사회는 위신에 대한 욕망을 권력에 대한 의지로 대체하는 것을 허용하지 않기 때문이다. 바꿔 말하면 원시사회에서 권력에 대한 의지의 가능성을 지닌 추장은 이미 죽음을 선고받은 존재와 같다. 원시사회에서 분리된 정치권력은 불가능하고 국가가 차지할 여지가 있는 여지 내지 공백은 존재하지 않는다.

…… 역사를 가진 사람들의 역사는 계급투쟁의 역사라고들 한다. 최소한 그와 똑같은 정도의 진리로서 우리는 역사 없는 사람들의 역사가 국가에 대항한 투쟁의 역사였다고 말할 수 있을 것이다."

혁명

혁명을 생각하는 데는 관념으로 족하지만, 혁명을 하는 데는 물리력이 필요하다. 물리력 없는 역모자들에게는 삼일천하도 버거운 법이다. 맑스의 유명한 언명처럼, "비판의 무기는 무기의 비판을 대신할 수 없다." 괜스레 혁명의 이념과 열정만 갖고 뛰쳐나갔다 허무한 죽음을 맞은 이상주의자들이 얼마나 많았는가. '무기의 비판'이라는 혁명의 차가운 진실을 외면한 뜨거운 열정은 사실상 역사적 치기일 뿐이다.

그런데 '무기의 비판'을 염두에 둔다면 혁명의 사정은 갈수록 안좋아지는 것 같다. 단적으로 말해 이제 무장 봉기의 성공 가능성은 아주 낮다. 물론 과거에 비하면 저항세력들의 무기도 많이 강해졌다. 일부 저항세력들의 경우에는 자동소총, 로켓탄은 물론이고 미사일까지 가지고 있다. 그러나 이런 무기들은 소위 지배세력의 군대가 쥐고 있는 무기들과는 비교가 되지 않는다. 차라리 엽총으로 무장했던 19세기 파리의 봉기자들이 지배세력에게는 더 위협적이었을 것이다.

전투에 관한 해박한 지식으로 '장군'이라는 별칭을 얻었던, 맑스의 오랜 동지 엥겔스는 19세기 말에 이미 유럽의 주요 도시들에서 시가전 형태의 무장봉기가 불가능해졌음을 지적했다(「칼 맑스의 『프랑스에서의 계급투쟁』단행본에 부치는 서문」). "우리는 더 이상 이 점에 대해 환상을 갖지 말도록 하자. 시가전에서 폭동자들이 군대를 실질적으로 이긴다는 것, 한 군대가 다른 군대를 이기듯이 그렇게 승리한다는 것은 지극히 드문 일이다." 군대의 무기와 편제가 달라졌고 도시의 공간구획이 달라졌다. 이젠 바리케이드를 설치해도 다이너마이트나 대포 한 방이면 날아간다. 병력의 신속한 이동과 합리적 운용도 더 이상 당해낼 수가 없다. 엥겔스에 따르면 바리케이드의 위력은 과거에도 물질보다는 정신 쪽에 있었다. 혁명가들이 바리케이드를 쌓고 조금만 버텨내면 군 내부에서 동요가 일어났다. 적이 아닌 시민을 진압해야 하는 병사들의 마음이 흔들렸던 것이다.

그러나 이젠 바리케이드의 정신적 마력도 사라지고 있다. 병사들은 바리케이드 너머의 사람들을 바라볼 때 더 이상 동료 '시민들'을 보는 게 아니다. 그들은 단지 "반란자, 민심교란자, 약탈자, 분열자, 사회의 폐물들", 한마디로 '적'을 볼 뿐이다. 무엇보다도 언론이 심리전을 수행해준 덕분이다. 언론은 진압 군대보다도 먼저 바리케이드 너머의 사람들을 공격한다. 언론은 공수부대처럼 바리케이드 후방에 침투하여 저항자들을 괴물들로 분칠해놓는다. 바리케이드는 이에 대해 속수무책이다.

여러 여건들이 지배세력에게는 유리하게, 혁명세력에게는 불리하게 발전해가고 있다. 과연 혁명은 종언을 고하는가. 바리케이드에 대한 엥겔스의 문제제기는 맑스주의 내 개량주의 분파에 큰 원군으로 받아들여졌다. 실제로 베른슈타인 같은 이는 엥겔스의 글을 일종의 전향 표시로 받아들였다. 그는 엥겔스가 혁명을 포기했다고 생각했다. 선거에서 독일 사민당이 약진한 것을 예로 들며, 엥겔스는 실제로 "비합법적 수단이나 전복보다도 합법적인 방법을 통해" 사민당이 더 큰 힘을 얻고 있음을 강조했다.

그러나 엥겔스는 자기 글에 대한 그 개량주의적 독해에 강하게 반발했다. 그리고 자기 글에서 그런 냄새가 나도록 발췌 게재한 잡지 편집자를 비난했다. 실제로 편집 이전의 원문을 읽어보면 엥겔스가 시가전의 불가능성보다는 혁명 조건의 변화에 무게를 두고 있음을 알 수 있다. 가령 '편집당한' 엥겔스의 문장 중에는 이런 말이 있다. "시가전은 혁명의 초기보다는 혁명이 더 진행된 후에, 더 큰 세력을 가지고 수행해야 하며, …… 이 세력은 소극적 바리케이드 전술보다는 공공연한 공격을 선호할 것이다." 여기서 엥겔스는 혁명이 초기에 총칼 들고 설친다고 되는 게 아님을 분명히 하면서도, 대중적 기반을 갖춘 후에는 공격적 형태의 무장봉기가 적절할 수 있음을 암시하고 있다.

그러나 엥겔스의 본심이 어디에 있었든 급진파들은 그를 '법의 숭배자'로 비난했고, 사민당 지도부는 합법적 공간에서 이룬 성취에 한껏 고무되어 그의 공격적 문장들을 삭제하고 싶어 했다. 그 어느 쪽도 엥겔스가 새로운 형태의 '공격적 혁명'을 생각한다고 믿지 않았다.

어떻든 엥겔스의 전향은 오해임이 확실하다. 그러나 여기에 안위하는 맑스주의자가 있다면 그는 혁명에 대해 아무런 고민도 없는 사람일 것이다. 엥겔스의 혁명에 대한 '이의 있음'을 단순히 전향의 '혐의 없음'으로 처리해서는 안 된다. 내 생각에 엥겔스는 혁명에 대해 중요한 고민거리를 던졌다. '혁명을 어떻게 혁명할 것인가.'

엥겔스는 1848년의 상황을 회고하면서 과거 혁명의 이미지가 미래 혁명의 도래를 가로막고 있음을 지적했다. "2월 혁명이 발발했을 때 우리 모두는, 혁명 운동의 조건들과 경과에 대한 우리들의 표상과 관련하여, 이제까지의 역사적 경험, 특히 프랑스의 경험에 속박되어 있었다. 이 프랑스 경험이 바로 1789년 이래로 유럽 전체의 역사를 지배해왔다." 1848년의 혁명가들은 반세기 전의 혁명 모델을 가지고 혁명을 시도했다. 엥겔스는 1848년 혁명의 실패가 이와 무관치 않다고 보았다. 즉 혁명은 전혀 혁명되지 않았던 것이다.

1789년 프랑스 혁명의 이미지, 즉 '바리케이드'가 오랫동안, 심지어 오늘날에도 혁명가들의 머릿속을 지배하고 있다. 이 모델이 낡았다는 것은 그것이 더 이상 불가능하다는 것만을 의미하지 않는다. 바리케이드는 더 이상 바람직하지도 않다. 엥겔스는 혁명의 지도 문제를 제기했다. 바리케이드는 소수의 혁명 지도자들이 대중을 동원해서 만든 것이다. 혁명이 일어나자마자 그들은 대중의 대표자로서 행세한다. 그리고는 "최초의 대성공 후에 분열한다". 급진파와 온건파가 싸우고 서로가 서로를 배신한다. 엥겔스의 고민은 우리가 이런 혁명의 낡은 운명을 끊어낼 수 있느냐에 있었던 것 같다.

엥겔스가 얼마나 새로운 혁명의 이미지를 가졌는지는 알 수 없다. 다만 이 유물론자가, 인민의 아편이라는 종교로부터, 그것도 공산주의에 그토록 적대적이었던, 그리스도교로부터 무언가를 얻어내려 한 점은 인상적이다. 그는 자기 글의 마지막을 이렇게 시작하고 있다. "로마제국에서 위험스런 전복 당[그리스도교]이 활동한 지 거의 1600년이 지났다. 그 당은 종교와 국가의 모든 기초를 와해시켰다. 그 당은 황제의 의지가 최고의 법이라는 것을 단호히 부정했으며, 그 당은 조국이 없고 국제적이었으며, 그 당은 갈리아에서 아시아에 이른 모든 제국 속국과 제국의 국경 너머로 확산되었다."

그리스도교라는 이름의 이 '전복 당'은 놀랍게도 군대와 맞붙어 싸우기 이전에 "군 전체를 그리스도교인으로" 만들어버렸다. 나는 엥겔스가 혁명 전쟁의 유망한 가능성을 여기서 본 게 아닌가 생각한다. 어떤 면에서 이제 군대를 이기는 것은 불가능하다. 그러나 다른 면에서 군대를 이기는 것은 가능하다. 문제는 혁명의 이 '다른 면'을 찾아내는 것이다. 그리스도교도들은 바리케이드에 몰려 있지 않았다. 그랬다면 황제의 군대에게 효과적으로 진압되었을 것이다. 그들은 '어느' 곳에 있지 않았지만 '모든' 곳에 있었다. 그들은 모든 경계들(국가, 인종, 성, 연령 등)을 넘나들며 서로를 전염시켰다. '합법인가, 불법인가'는 애당초 문제가 아니었다.

그리스도교는 효과적으로 '지도'되었기에 성공한 게 아니라 효과적으로 '전염'되었기에 성공한 것이다. 혁명 역시 그런 게 아닐까. 그것은 '지도'되는 것이 아니라 '전염'되는 것이다. 총이니 칼이니 하는 것들은 부차적 문제이다. 더 이상 혁명은 그런 것들로 시작될 수 없다. 총칼로도 어찌할 수 없는 혁명의 전염, 총칼을 두려워하지 않는 대중들의 공격이 결국 혁명을 성공으로 이끈다.

이런 귀결은 글머리에서 내세운 주장과 반대되는 것처럼 보일 것이다. '비판의 무기는 무기의 비판을 대신할 수 없다'는 말과 '더 이상 혁명은 총과 칼의 문제가 아니다'는 말은 서로 모순이 아닐까. 나는 그렇게 생각하지 않는다. 혁명에서 '무기의 비판', 즉 물리력은 여전히 절대적이다. 문제는 '무기에 대한 비판'이고, '무장의 정체'이다. 도대체 오늘날 우리에게 절실히 필요한 무장은 무엇인가. 우리에게 효과적인 무기는 무엇인가. 물리력은 어떻게 정의되어야 하는가.

낡은 혁명을 바라고 선동하는 것은 오히려 지배권력 쪽이다. 엥겔스는 그들의 도발에 넘어가는 것이야말로 어리석은 짓이라고 말한다. "독자들은 이제, 왜 지배권력이 단연코 우리를 총이 발사되고 사벨 군도가 휘둘러지는 곳으로 데리고 가려 하는지 이해하는가? 왜 사람들은 우리가 애초에 패배를 알고 있는 거리로 지체 없이 가지 않는다고 오늘날 우리에게 비겁함의 낙인을 찍는가?" 낡은 무기를 집어 들고 낡은 봉기를 일으키는 것은 더 이상 영웅적이지 않다. 그것은 힘이나 용기가 아닌, 어리석음만을 보여줄 뿐이다.

지배권력은 폭력을 응징하기 위해 폭력을 기다린다. 인류학자 그레이버(D. Graeber)는 오늘날 미국 언론이 시위대를 묘사할 때, '반세계화 시위대', '폭력 충돌', '폭력적 항의'라는 말을 관용적으로 쓰고 있음을 지적한 바 있다(「새로운 아나키스트들」). '대안적 세계화'를 외치는 국제적인 시위대인 경우에도, 그리고 그들이 아무런 폭력을 행사하지 않았을 때도, 언론은 그들을 습관적으로 '반세계화 시위대', '폭력 시위대'로 부른다는 것이다. 경찰과 언론은 실제로 폭력 장면을 발견해내고 싶어 한다. 그레이버는 이렇게 말한다. "내가 말하고 싶은 것은 권력자를 가장 곤란스럽게 하는 것이 운동이 휘두르는 '폭력'이 아니라 이것의 상대적인 결여라는 것이다. 정부기관은 무장 저항이라는 익숙한 형태로 빠져들 것을 거부하는 혁명운동에 어떻게 대항해야 할지를 전혀 모른다."

2006년 5월 4일 평택 대추리에 군과 경찰이 투입되었을 때 나 역시 비슷한 것을 느꼈다. 당시 대추초등학교를 지키기 위해 여러 사람들이 '죽봉'이라는 걸 휘둘렀다. 경찰이나 언론은 그 대나무의 폭력성을 최대한 부각시키기 위해 노력했다. 솔직히 나는 '죽봉'이라는 말 자체를 이상하게 생각한다. '대나무'라는 말 대신 '죽봉'이라는 말을 쓰는 건 '죽창'의 이미지를 살리기 위함이 아닌지 모르겠다. 어떻든 담양에서 나고 자란 탓에 대나무로 온갖 짓을 다해본 나로서는 대나무가 그렇게 대단한 무기인지는 잘 모르겠다. 법적 의미에서가 아니라 물리적 의미에서 폭력을 비교한다면 경찰의 폭력이 압도적이었다. 부상자 수를 비교하지 않더라도 경찰이 휘두른 물리적 폭력은 초등학교 하나를 흔적도 없이 제거해버릴 정도였다.

그러나 나는 시위대가 대나무를 휘두른 걸 잘했다고 생각지는 않는다. 공공질서의 차원에서 하는 말이 아니라, 시위대의 목적, 즉 대추리의 사수라는 차원에서 하는 말이다. 대나무가 대단히 폭력적인 무기여서가 아니라 무기조차 되지 않는 것이기에 그렇다. 아마도 사수대로 불리는 사람들은 대나무를 들고 사수를 맹세했겠지만, 실제로 대나무는 군경을 막아낼 수 있는 무기도 아닐 뿐만 아니라, 오히려 군경이 진압을 정당화하기 위해 필요로 하는 표지이다. 어쩌면 우리가 지키고자 하는 대지에 우리 자신들을 쇠사슬로 묶는 게 더 나았을지도 모르겠다.

내 생각에 대추리 사수에 더 많은 공을 세운 무기는 '죽봉'이 아니라 디지털 카메라와 휴대폰이었다. 언론이 고의로 무시한 많은 장면들이 사람들의 소형 카메라에 찍혀 인터넷에 유포되었다. 이것이 많은 이들을 새로운 시위대로 만들었다. 혁명을 전파하는 무기, 혁명을 전염시키는 무기는 죽봉도 아니고 총칼도 아니다. 죽봉으로 안 되는 일을 쇠파이프로 해결할 수 없고, 쇠파이프로 안 되는 일을 화염병으로 해결할 수 없다. 그러나 생각을 바꾸면 총칼로도 안 되는 것을 핸드폰으로도 할 수 있다.

엥겔스가 고민했듯이, "지금은 기습의 시대가 아니다. …… 소수가 수행하는 혁명의 시대는 갔다. 사회조직의 완전한 개조가 문제인 곳에서는 대중 스스로 함께 거기에 있어야 한다." 지금 필요한 무기는 막강 화력을 지닌 대포가 아니라, 대중들을 서로 엮어주는 무기, 대중들을 소통시키는 무기, 대중들을 전염시키는 무기이다. 그렇기에 맑스는 '비판의 무기는 무기의 비판을 대체할 수 없다'는 문장 바로 뒤에 이런 문장을 이어놓았다. "물질적 힘은 물질적 힘에 의해 타도되어야 한다. 그러나 이론도 대중을 사로잡는 순간 물질적 힘이 된다." 아마 엥겔스의 고민도 거기에 닿았을 것이다. 대중을 사로잡는 무기, 아니 그 자체로 최고의 무기인 대중들의 힘, 그것을 어떻게 작동시킬 수 있을까. 적어도 확실한 것은 점차 우리 주변에 작고 깜찍한 좋은 무기들이 많이 늘어나고 있다는 사실이다. 낡은 무기들이 비판력을 상실한 곳에서 새로운 무기들은 힘을 얻고 있다.

● 고추장의 독서메모

혐오스러운 혁명과 혁명의 혐오스러움

1848년의 프랑스는 1789년 이래의 자기 역사를 짧게 반복했다. 지금 보건대 그 반복은 어떤 진정한 차이를 드러내기 위한 것이 아니었나 싶다. 프랑스의 인민들(부르주아와 프롤레타리아)은 왕권에 대한 투쟁을 벌여, 1848년 2월에 아름다운 승리를 거두었다. 그들은 공화주의에 대한 확고한 신념을 가졌다. 인민들은 왕이 임명한 자들이 아닌, 자신들이 선출한 대표들이 의회로 가는 것에 환호했다.

그러나 몇 개월도 지나지 않아 의회와 인민들이 대립했다. 2월 혁명으로 얻은 것이 별로 없다고 생각한 파리의 노동자들이 공화국 정부를 향해 다시 바리케이드를 치고 3일간의 전투를 벌였다. 6월 혁명으로 불리는 이 봉기는 모든 것을 엉망으로 만들었다. 멀리는 1789년 혁명, 가까이는 1848년 2월 혁명으로 구축된 공화주의의 아름다운 자태가 6월의 봉기로 더럽혀졌다. 인민들이 대표를 선출함으로써 완성된 것 같았던 인민주권의 이념은 인민들이 그들 대표와 싸움을 벌임으로써 이상한 것이 되었다. 프랑스 혁명의 사상적 기반이었던 루소의 인민주권론은 인민들이 계급적으로 분열됨으로써 퇴색해버렸다.

이 때문에 6월 봉기는 당시 추한 혁명, 혐오스런 혁명으로 불렸다. 공화국 정부는 2월 혁명의 아름다움을 더럽힌 6월 혁명을 잔인하게 진압해버렸다. 프랑스의 모든 언론들이 6월의 봉기자들을 아름다운 공화국 이념을 더럽힌 폭도들, 불량배들이라고 비난했다.

혐오스럽고 추한 혁명. 그러나 생각해보면 지배자들에게는 모든 혁명이 혐오스럽고 추한 게 아닐까. 6월의 지배자들은 '혁명이 혐오스럽다'는 말을 '혐오스러운 혁명이 일어났다'고 말한 게 아닐까. 혁명은 왜 추하고 혐오스러운가. 그것은 혁명이 지배자들을 혐오스럽고 추하게 만들기 때문일 것이다. 봉기란 지배자들에 대한 미적 비난이다. 봉기자들은 지배자들과 미학을 달리한다. 6월의 봉기자들에게는 6월 혁명이 공화주의를 더럽힌 게 아니라, 공화주의의 더러움이 6월 혁명을 통해 드러난 것이다.

맑스는 봉기가 진압된 4일 후 『신라인신문』에 이렇게 기고했다. "6월 혁명은 추한 혁명, 혐오스러운 혁명이다. 왜냐하면 사실이 문구를 대신해서 나타났으며, 공화국이 괴물의 머리에서 그것을 덮어주고 가려주던 왕관을 벗김으로써 괴물의 머리 자체를 드러내놨기 때문이다." 아름다운 문구가 비참한 사실을 가리지 못했으며 화려한 왕관이 흉측한 머리를 가리지 못했다. 혁명은 결국 미적 싸움이다. 무엇이 아름답고 무엇이 추한가. 맑스는 모든 신문들이 6월 봉기자들의 추한 몰골을 비난하고 조롱할 때, 누더기 옷을 걸친 채 고개를 숙이고 노예선에 팔려가는 그들에게 이런 헌사를 적어두었다.

사람들은 우리에게 인민의 분노에 의해 희생된 사람들을 위하여, 국민 방위군, 기동 방위군, 공화국 방위군, 정규군 들을 위해서 흘릴 한 방울의 눈물도, 그들을 위한 한 가닥의 한숨도, 그들을 위한 한마디의 말도 없는가라는 질문을 할 것이다.

국가는 그들의 유가족을 돌볼 것이고, 훈령은 그들을 찬양할 것이며, 장엄한 장례 행진이 그들의 유해를 땅 속에 묻을 것이며, 정부의 신문은 그들을 불후의 용사들로서 선포할 것이고, 유럽의 반동은 동에서 서에 이르기까지 그들에게 경의를 표할 것이다.

그러나 평민들은 기아에 시달리고, 신문에 의해 모욕당하고, 의사들에 의해 버림받고, 품위있는 사람들에 의해 도적이니 방화범이니 죄수니 갈레선을 젓는 노예니 하는 욕설을 듣고 있으며, 그들의 처자식들은 더 한층 끝간 데 모르는 빈곤에 빠져들었고, 겨우 살아남은 사람들은 바다 건너로 추방되었다. 지독히 침울한 그들의 이마에 월계관을 씌워주는 것, 이것은 민주주의적 신문의 권리이며 특권이다.(칼 맑스, 『신 라인 신문』 1848년 6월 29일자)

論

2부
세상 속으로

최옥란을 기억하며

2001년 12월, 한 사람의 투사가 말을 듣지 않는 몸을 달래가며, 자신이 마지막이라고 다짐한 싸움에 나설 준비를 합니다. 혼자의 싸움이 될 수도 있겠지만 더 늦출 수는 없다고 생각했습니다. 뒤틀려서 완전히 몸에 붙어버린 팔처럼 더 늦어지면 아무것도 할 수가 없겠지요. 이틀 뒤 명동성당 입구에서 그는 하느님을 뒤에 둔 채 사람들을 향해 섰습니다. 1급 장애를 가졌던 그가 찬바람 속에서 1주일을 버티며 외쳤던 것은 단 하나, 최저생계비를 현실화하라는 것이었습니다.

그의 목소리는 명동성당을 잠시 맴돌았습니다. 그리고는 며칠 후 신문과 텔레비전을 통해 알려지기 시작했습니다. 단 몇 줄, 단 몇 초만 나와도 사람을 유명인사로 만들어놓는 그 신문과 텔레비전을 통해서 말입니다. 그러나 어찌 된 영문인지, 그의 절실한 말들은 아무에게도 들리지 않았나 봅니다. 마지막 싸움이 끝났는데도 세상은 여전히 겨울이었습니다. 결국 그는 날씨가 풀린 이듬해 봄날, 끝나지 않는 자기 생의 긴 겨울에 절망하며 목숨을 끊었습니다.

나는 여기에 '최옥란'이라는 이름과 '최저생계비를 현실화하라'는 그의 요구를 적어두고자 합니다. 이는 단지 그를 추모하기 위해서도 아니고, 그와 함께 하지 못했던 것에 대한 죄책감 때문도 아닙니다. 그 이름과 요구 속에 담겨 있던 수많은 이름들과 요구들, 그것을 말하고 싶기 때문입니다.

그의 장례식이 치러지던 날, 『한겨레』는 그를 이렇게 소개하고 있습니다. "그는 경기도 파주 미군기지촌 주변 빈민의 딸이었다. 그는 정규교육이라고는 초등학교 1학년까지밖에 받지 못한 뇌성마비 1급 장애인이었다. 편모슬하에서 성장한 그는 결혼한 뒤에는 양육권을 빼앗긴 이혼녀였다. 그는 또 일정한 벌이가 없어 정부로부터 생계비를 지급받는 기초생활보장제 수급권자였다."

그렇습니다. 그는 불우한 가정에서 자란 사람, 교육받지 못한 사람, 신체장애를 가진 사람, 아이 양육권을 빼앗긴 사람, 이혼한 사람, 여성인 사람, 그리고 가난한 사람이었습니다. 그토록 많은 소수자들의 형상을 그는 자기 안에 담고 있었습니다. 게다가 우리는 더욱 중요한 형상 하나를 추가해야 합니다. 그는 결혼 전부터 장애인 인권 운동을 했으며, 죽음의 배수진을 친 그 겨울에도 장애인 이동권 보장과 국민 기초생활보장법의 현실화를 위해, 그리고 사랑하는 아들의 양육권을 되찾기 위해 '싸우는 사람'이었습니다.

그는 결코 돈을 더 달라고 요구했던 게 아닙니다. 자기 몸의 편리를 봐달라고 했던 것도 아닙니다. 그는 물었던 겁니다. 사회와 국가에 대해 그 존재 목적이 무엇이냐고. 그리고 그는 싸웠던 겁니다. 우리 사회가 일부 사람들의 이익을 위해 많은 사람들을 불행 속에 밀어 넣거나 방치하는 그 기괴한 구조에서 벗어나도록. 따라서 그는 하나의 목소리로 수백 수천만의 목소리를 내었으며, 하나의 요구 속에 수백 수천만의 요구를 담았던 겁니다.

나는 그의 이름과 요구 속에서 여러 '가난한 자들'의 이름과 요구들을 봅니다. 그리고 맑스가 '전부를 가진 자'들에 맞선 '아무것도 갖지 못한 자들'에서 미래를 찾았던 이유를 생각해봅니다. 그는 왜 미래를 그들의 것이라고 생각했을까요. 가난한 자들은 빈곤하고, 억압받고, 착취당하는 사람들입니다. 그러나 그들은 그 자체로 사회가 바뀌어야 할 이유이자 요구이고 투쟁인 것입니다. 나는 네그리(A. Negri)와 하트(M. Hardt)가 '가난한 자'라는 모든 시대 '공통의 이름' 속에서 인간이 지닌 모든 가능성의 토대를 발견했다고 말한 것을 기억합니다.

최옥란이 죽었다고 하는 그 어떤 봄날을 나는 알지 못합니다. 다만 5년 전 어느 겨울날, 아무것도 가진 게 없었던 한 투사가 자신의 이름과 말과 행동으로 우리 미래의 가능성을 걸고 싸움을 준비하고 있었다는 사실만을 알고 있습니다.

문턱에 좌절하는 사람들

들뢰즈와 가타리는 국가 장치들이 홈을 파는 기능에 의해 욕망의 자유로운 흐름을 포획한다고 했다. 빗물이 길가의 홈을 따라 흐르듯이 사회의 여러 흐름들은 곳곳에 파여 있는 홈을 따라 흐른다. 그곳엔 흐름의 방향과 속도를 규제하는 각종 규칙들이 있다. 차도를 따라 흐르는 자동차는 인도로 뛰어들어서도, 정해진 속도와 신호를 위반해서도 안 된다. 홈들 중엔 눈에 보이지 않는 것들도 많다. 학생들은 집, 학교, 학원을 잇는 길 위에서 자신이 홈 속의 존재임을 안다. 선거 결과를 보여주는 그래픽은 이 나라의 지역들을 가르는 거대한 홈을 가시적 형태로 보여준다. 면접 시험에서 여성 혹은 지방대 출신이 느끼는 벽은 아마도 어떤 홈통의 벽일 것이다. 정도의 차이는 있지만 우리는 누구나 그런 홈들에 고통받는다.

하지만 존재 자체로 그런 홈들을 증명하고 고통받는 보편적 형상이 있다. 바로 장애인들이다. 일반인들은 어떤 곳이 홈 파여 있음을 느끼지만, 장애인들은 모든 곳이 홈 파여 있음을 느낀다. 그들은 불과 5센티미터도 안 되는 문턱 앞에서 좌절하는 사람들이다. 일반인들은 어떤 곳에서 장애인이 되지만 그들은 모든 곳에서 장애인이 된다. 그들은 사회 곳곳에 설치된 장애물에 걸려 넘어진 사람들이다. 버스 정거장, 지하계단, 대학입시장소, 공장의 작업대, 심지어 그 주인권리를 행사하는 투표장에서까지 사회는 장애인들을 생산한다.

장애인들은 사회의 모든 홈들이 긴밀하게 연관되어 있음을 증명한다. 교육으로부터의 배제는 취업으로부터 배제되는 이유가 되고, 취업으로부터의 배제는 경제적 무능력의 이유가 된다. 행복으로부터의 배제, 삶으로부터의 배제가 이처럼 잔인하게 이루어진 예는 없을 것이다. 최소한의 편안함을 누려야 할 집에서조차 장애인들은 감옥을 체험한다. "20~30년을 집구석에서 개처럼 밥만 먹고 살아보았는가." 비장애인들에게 제공되는 편익은 국가의 존재 목적처럼 생각하면서도, 장애인들에게 제공되는 편익은 예산 낭비처럼 생각하는 사회. "모든 절망을 개인 탓으로 돌리고 시혜와 동정을 구걸하도록 만드는 사회." 자기 구성원을 죄수 아니면 거지로 만드는 사회. 나는 장애인들의 존재 방식이야말로 우리 사회의 성격에 대한 가장 섬세하고 날카로운 증명이라고 생각한다.

2004년 4월 13일, 휠체어장애인 30여 명이 용산의 어느 육교 밑에서 도로를 점거했다. 법적으로는 차를 타야만 지날 수 있는 공간이었지만, 차조차 탈 수 없었던 그들은 차라리 그 홈을 가로지르고 점거해버렸다. "우리를 사람으로 취급하지 않는다면 우리도 사람처럼 행동하지 않을 것이다." 가장 가혹하게 정착민이길 강요받았던 사람들이 유목적 횡단을 감행하면서 던진 이 강렬한 말엔 보편적 해방의 메시지가 담겨 있다. 그들은 장애인에게 더 많은 복지를 달라고 말하지 않는다. "모든 차별을 철폐하라." 그것이 그들의 슬로건이다.

바로 내일 그 슬로건이 다시 강하게 울려 퍼질 것이다. 이미 그들은 4월 20일 '장애인의 날'을 '장애인 차별 철폐의 날'로 바꾸어 부르고 있다. 우리 사회는 "장애인들을 1년 내내 차별하고 가두면서 1년 중 딱 하루 체육관에 모아놓고 떡 주고 공연 보여주는" 그런 비열한 짓을 그만두어야 한다. 4월 20일은 통계적으로 가장 비가 오지 않았다는 이유로 장애인의 날이 되었다. 그것이 우리 사회다. 장애의 문제를 하늘의 운에 맡기는 사회. 차별 자체를 폐지할 생각은 죽어도 못하는 사회.

자기 몸을 사슬로 묶고 달리는 열차를 세운 이들의 꿈. 나는 그것이 우리 모두의 꿈임을 의심치 않는다. 매끄러운 자유의 공간. 누구도 벽 앞에서 좌절하지 않고, 누구도 자기 자유를 제약받지 않는 공간. 누구나 자유롭게 미끄러지며 이동할 수 있는 그런 공간. 우리보다 먼저 그것을 꿈꾸고, 우리보다 먼저 그 투쟁에 나선 이들에게 무한한 존경과 경의를 표한다.

어떤 (비)폭력

폭력과 비폭력을 나누는 것은 참 어렵다. 법을 들이미는 사람도 있겠지만, '불법=폭력'의 등식이 곧바로 성립하는 건 아니다(이 등식의 성립은 법 자체의 폭력성을 드러낼 뿐이다). 폭력을 사용하지 않은 채 법을 어기는 일도 있고, 법의 이름으로 엄청난 폭력이 행사된 경우도 있다. 평화주의자들의 '악법 어기기' 투쟁이 전자의 예일 것이고, 국가 폭력이 후자의 예일 것이다. 물리적 파괴 정도도 폭력과 비폭력을 구분해주지 못한다. 기자가 작성하는 사소한 기사조차 정말로 폭력적일 수 있다.

폭력과 비폭력의 구분은 참으로 모호한 것이지만, 경찰이나 주류 언론은 시위가 있을 때면 습관적으로 '폭력'이라는 딱지를 붙이고 싶어 한다. 1980년대의 화염병부터 2000년대의 대나무까지 이른바 시위대의 '무기'는 갈수록 약화되었지만 폭력 시위란 언급은 80년대 이후로 결코 줄어들지 않았다. 부상자의 다수가 경찰이 아닌 시위대

쪽에서 발생해도 부각되는 것은 시위대의 폭력성이다.

2002년 이래로 촛불시위가 대단한 대중적 반향을 일으켰던 것은, 촛불의 '비폭력' 이미지와 무관하지 않을 것이다. 경찰도, 언론도 촛불에 대고 폭력성을 논하기는 어려웠다. 촛불은 한동안 쇠파이프나 화염병이 뚫을 수 없는 경찰의 방패를 뚫는 최강의 무기였다. 하지만 이제 그 약발도 다하고 있다. 촛불은 더 이상 변화를 이끌어낼 무기가 아닌, '순수한 평화', 아니 그보다도 못한 '낡은 관행'의 상징이 되고 있다.

폭력은 경찰과 언론의 먹잇감(혹은 미끼)이고, 비폭력은 심리적 위안만을 주는 무기력한 저항이 되어가는 상황에서, 나는 '중증장애인들'의 투쟁에서 어떤 가능성을 발견한다. '장애인이동권연대'의 '이동권' 쟁취 투쟁, 그리고 '전국장애인철폐연대'의 '활동보조인제도' 쟁취 투쟁에는 중요한 어떤 (비)폭력성이 들어 있다.

박경석 장애인 이동권연대 대표는 간디의 '비폭력 직접행동'을 가장 잘 구현하는 사람 중 하나다. 휠체어를 탄 그와 장애인 이동권 쟁취 투쟁에 동참하는 동지들은 제 몸에 쇠사슬과 사다리를 묶고 서울 시내 도로를 점거했다. 혹자는 이런 투쟁 방식이 지나치게 과격하다 할지 모르지만 이들이 쇠사슬로 묶은 것은 자신의 몸이요, 이들의 직접 행동은 도로를 점거해 이동권이 제한돼 있는 장애인들의 현실을 전달하는 것뿐이다. 그는 "쇠사슬과 사다리는 차별에 대한 우리의 분노의 표현"이라며, "쇠사슬이 지금 경찰들에게 잘리고 있지만 언젠가는 우리 스스로 잘라내겠다"고 말했다. (『프레시안』 2005년 6월 16일)

쇠사슬과 사다리. 이들의 투쟁은 너무나 과격하지만 누구 하나 다치게 하지 않는다. 철로에 몸을 묶어도 상하는 것은 자신들의 몸이지 기차가 아니다. 이들의 투쟁은 철저히 비폭력적이다. 하지만 이들이 평화시위를 하는 건 결코 아니다. 말 그대로 목숨을 건 투쟁이고, 피 튀기는 투쟁이다. 쇠사슬과 사다리는 절대로 물러서지 않겠다는, 반드시 싸워서 이기겠다는 의지의 표현이다. 이 의지는 총을 든 사람들의 것보다도 강하다. 이들은 어떤 면에서 폭력 이상의 폭력을 휘두른다. 이들은 자신들의 존재를 폭력적으로 받아들이는 집단, 자신들의 존재를 기괴한 눈으로 바라보는 집단의 폭력성과 기괴함을 고발한다. 참으로 멋진 폭력이다!

수만의 이름으로 '나 혼자 가겠습니다'

내가 대학에서 간혹 강의를 할 때가 있는데, 그때마다 학생들에게 보여주는 비디오 테이프가 있다. 그 과목이 무엇이든, 학기말이면 꼭 시간을 내어 그것을 보여준다. 훌륭한 스승은 제자들의 삶을 뒤흔드는 말을 던져놓겠지만, 그럴 자신이 없는 나로서는 내 삶을 뒤흔들어 놓은 사람들의 이야기를 전하는 것으로 학기를 마감한다.

지난 몇 년간 내가 학기말에 보여준 비디오 테이프는 최옥란씨의 투쟁을 다룬 MBC 「PD수첩」과 「우리시대」이다. 두 테이프의 시차는 약 3개월. 2001년 12월 20일 방영된 「PD수첩」에는 최옥란씨가 열심히 싸우고 있는 모습이 담겨 있고, 이듬해 4월 11일에 방영된 「우리시대」에는 최옥란씨의 죽음이 담겨 있다.

서글픈 것은 12월 20일의 테이프에 그녀가 죽을 때 먹을 약과 죽은 후 남겨질 글(유서)이 공개되어 있다는 사실이다. "정말 힘들 때……" 먹겠노라고 울먹이며 손에 들었던 약. 긴 겨울을 싸우고도 여전히 겨울이라면 그때는 죽음을 택하겠노라는 메시지가 거기 분명하게 들어 있다. 그녀는 결국 3개월의 사회적 침묵을 답변으로 들은 뒤 예고된 죽음의 길로 걸어갔다. 우리 사회는 침묵으로 사형을 선고했고 침묵으로 사형을 집행했던 것이다.

죽음이란 대개 삶의 끝이지만, 정말 드물게도 어떤 이의 죽음은 새로운 종류의 삶을 나타내기도 한다. 삶이 끝나는 곳이 아니라, 삶의 유한성이 끝나는 곳이 죽음인 경우가 있다. 내게는 최옥란의 죽음이 그렇다. 우리 사회는 그녀가 살아 있을 때 이미 그녀를 죽였지만(여기서 그녀가 자살했다는 사실은 아무런 의미도 없다), 그녀는 죽어서도 아직 살아 있다(여기서 그녀의 자살은 정말로 대단한 의미를 갖는다). 이 생각을 떠올릴 때마다 나는 비디오 테이프의 한 장면이 떠오른다.

국민기초생활보장법의 문제를 지적하며 국무총리를 만나겠다고 나서던 일군의 사람들. 거기 한가운데 최옥란씨가 있었다. 그녀는 한 달 생계급여 28만 원으로 한번 살아보라며, 보이지 않는 국무총리를 향해 외치고 있었다. 행진을 가로막은 경찰의 벽이 도무지 뚫릴 기미를 보이지 않자, 그녀가 소리 높여 외쳤다. "모두들 돌아가세요. 이제 나 혼자 가겠습니다."

그녀는 그렇게 죽음의 길도 혼자 택했는지 모르겠다. 그러나 빈민이었고, 장애인이었으며, 여성이었고, 저학력자였던 그녀는 혼자로서도 이미 혼자가 아니었다. 그녀의 한마디 외침에는 수만의 소수자들의 목소리가 섞여 있고, 그녀가 저항하며 내딛은 한 걸음에는 수만의 가난한 자들, 장애인들, 여성들, 무학자들, 무산자들의 걸음이 들어 있다.

1970년대 소수자의 보편적 형상이 전태일이었듯이, 2000년대 소수자의 보편적 형상은 최옥란이 아닐까. '근로기준법을 준수하라.' 전태일이 이 한마디로 수만의 목소리를 담았고, 제 몸에 불을 질러 수만의 몸을 타오르게 했듯이, 최옥란의 삶과 죽음 모두에서 수만의 소수자들을 목격하게 된다. '대학생 친구가 없었던' 전태일, '혼자 가겠다'는 최옥란. 그들은 수만의 이름으로, 수만의 목소리로, 수만의 발걸음으로 혼자 갔던 사람들이다.

양극화된 사회, 체감의 차이

한국방송 2TV 프로그램 「황금의 시간」(2003년 11월 8일~2004년 5월 1일 방송)의 첫 방송분이 한동안 장안의 화제였다. 그 프로그램에는 '대한민국평균가'라고 해서, 몇 가지 생활경제 지수들의 평균치를 조사한 뒤 출연자들이 적은 수치와 비교하는 코너가 있다. 그날 방송은 20대 미혼여성들의 한 달 용돈, 혼수 비용, 남자친구 생일선물 값 등을 소재로 삼았다. 문제가 된 것은 일부 출연자들이 적어낸 수치들이었다. 한 달 용돈 200만 원, 혼수 비용 3~4억 원, 남자친구 생일선물 비용 100만 원. 어안이 벙벙해진 시청자들은 자신들이 체감한 분노를 방송국의 전화와 홈페이지에 쏟아냈다. 방송 연출자는 "국민들이 체감하는 경제를 전달하겠다"고 포부를 밝혔는데, 정작 그 포부를 실현한 것은 시청자들이었다.

평생에 한 번 하는 결혼식을 기억에 남게 하고 싶다거나, 소중한 남자친구에게 자잘한 선물을 하는 건 싫다는 출연자들의 말에서 특별히 문제가 될 것은 없어 보인다. 대한민국 20대의 평균이라고 소개된 일반 여성들도 그 출연자들과 똑같은 이유에서 혼수 비용이 2천만 원은 있어야겠다고 생각하고, 남자친구 생일에 5만 원은 들여야 한다고 생각한다. 그렇다면 우리를 황당하게 만든 것의 정체는 무엇인가. 바로 체감의 차이다. 일반인의 경우 한 번 쏠 때 2만 5천 원 정도 든다는 통계를 보고 깜짝 놀란 방송 출연자가 어떻게 그것이 가능하냐며 의아해했을 때 그 점이 분명하게 드러났다. 여기서 틀리거나 잘못한 사람은 없다. 체감에는 '옳다'나 '그르다'가 없다. 단지 어떤 사람들이 합리적이라고 느끼는 소비 수준을 다른 사람들은 미친 짓이라고 느끼는 것이다.

내가 「황금의 시간」 이야기를 꺼낸 것은 당시(2003년 12월 24일) 발행된 『LG주간경제』 송년호에 실린 짧은 보고서 때문이다. '우리 경제의 양극화 진단'이라는 제목의 이 보고서는 각종 경제지표들이 경기회복을 보여주고 있는데도 대다수 사람들이 그것을 실감하지 못하는 이유를 우리 경제의 심각한 양극화에서 찾았다.

가령 전체 산업생산율은 연간 4.2% 증가했다. 그러나 이 평균치는 의미가 없다. IT산업과 수출제품은 각각 18.6%, 13.4% 증가했지만, 비IT산업과 내수용 제품은 오히려 감소했다. 기업의 영업 이익이 평균 얼마 증가했다는 말도 의미가 없다. 상위 5대 기업이 전체 경상 이익의 63.3%를 차지하고 있는 상황을 생각하면 말이다. 주식이 많이 올랐다는 말도 마찬가지다. 외환위기 전 상위 20%와 하위 20%의 가격 차이는 10배였지만, 지금은 40배 정도로 확대되었다. 일자리 수가 엄청나게 줄었다고들 한다. 그러나 상위 30%와 하위 30%에선 오히려 그 수가 크게 늘었다. 돈을 많이 버는 직업도 늘었고, 조금밖에 벌지 못하는 직업도 늘었다. 사라져가는 것은 중위권이고 평균치다. 이런 상황에서 '국민들이 체감하는 경제'니 '대한민국 평균치'니 하는 말들이 무슨 의미가 있을까.

우리의 경제 교과서들은 사회주의자들의 경제양극화론을 비난하면서, 자본주의 사회는 발전할수록 중간층이 두터운 항아리 모양이 된다고 우겨왔다. 그러나 우리의 현실 항아리는 교과서적 진리성을 잃은 대신 높은 예술성을 얻었다. 항아리의 상투적인 형상에서 벗어나 표주박 모양의 기괴한 형상을 이룩한 것이다! 그런데 예술성 높은 항아리 사회에서는 각종 지표들이 헛것을 지시한다. 그 때문에 정책 담당자들은 존재하지도 않는 평균인들을 위하여 정책을 짜고, 국민들은 존재하지도 않는 현실을 느끼도록 강요받는다.

바로 이런 상황 속에 진정한 위험이 도사리고 있다. 국민들 서로가 다른 감각을 지닌 신체로서 상대방과 대면하는 것이다. 어리석은 지배자들은 이 위험에 대한 무지 때문에 몰락해왔다. 일부에게 친근한 상황이 다른 일부에게는 낯설고, 일부에게 합당한 것이 다른 일부에게 부당한 것이 된 상황의 심각성을 알아야 한다. 2003년, 우리 갈등의 중재자인 상식은 사실상 쓸모없는 것으로 전락할 위험에 처해 있다.

빈곤의 투쟁, 투쟁의 빈곤

"빈곤은 극적인 사건이 아니라 자유 시장경제의 일상이다." 기차를 타고 서울에 처음 올라온 내 눈을 휘둥그레 만든 것은 대우 빌딩이 아니라 곳곳에 누워 있던 노숙자들이었다. 대학로에서 생활할 때는 마로니에 공원에 길게 늘어선 급식 줄을 바라보며 IMF 이후 경제 사정이 어려워졌음을 실감했다. 하지만 이제 종묘 산책을 즐기는 내 눈에 점심 한 끼를 얻기 위해 서 있는 사람들은 익숙한 풍경이 되고 말았다. 교통체증으로 늘어서 있는 종로의 자동차들을 보듯이 나는 언제부터인가 그 줄을 그렇게 보고 있다. 아, 한 개인이 처할 수 있는 가장 비극적인 상황을 한 사회의 익숙한 풍경으로 간주하는 것은 얼마나 끔찍한 일인가.

나는 빈곤을 풍경처럼 보는 내 눈이 무섭다. 잘사는 사람이 더 잘살게 되고 못사는 사람이 더 못살게 되는 것을 보면서도 경제가 어렵다는 허망한 말에 수긍하는 내 고갯짓이 놀랍다. 잘사는 소수를 만드는 과정이 비참한 다수를 만드는 과정과 정확히 일치하는 신자유주의 질서를 어쩔 수 없는 대세로 받아들이는 나의 신속한 패배주의. 빈곤 해결을 가로막는 가장 악랄한 방해자가 이것이다.

2004년 8월 말, 미국 인구통계국이 발표한 바에 따르면 미국의 빈곤층은 3,500만 명을 웃돌고, 18세 미만을 기준으로 여섯 명 중 한 명이 빈곤 아동이라고 한다. 사실 미국만 그런 게 아니다. 마이크 데이비스의 표현을 빌리면 지금 지구 전체가 '슬럼투성이'다. 20세기 말 지구의 지니계수는 낮추어 잡아도 0.67이라고 한다. 단순하게 말하면 세계의 상층 3분의 1이 모든 것을 갖고, 하층 3분의 2는 굶어죽을 상황이라는 것이다. 남 이야기가 아니다. 2004년 봄에 발표된 한국개발연구원(KDI)의 보고서를 보면 우리나라의 소득불평등도와 빈곤율도 심각하긴 마찬가지다. 1996년과 2000년 사이 절대빈곤층은 두 배로 늘었고, 전체가구의 15%, 즉 6~7가구 중 한 가구는 절대빈곤층으로 전락할 위험에 처해 있다.

무엇을 어떻게 해야 할까. 불행히도 한국개발연구원이 되뇌는 것은 빈곤 양산의 주범인 신자유주의 이데올로기 그것이다. 시장의 폭력으로 생겨난 빈곤층을 없애기 위해 시장을 더욱 활성화하자는 '시장활성화론', 정부의 복지 지원이 자칫 사람들의 버릇을 나빠지게 해서 근로 의욕을 떨어뜨리지 않도록 해야 한다는 '근로복지연계론'. 빈곤 상황에 대한 보고보다 우리를 더 암담하게 만드는 건 바로 이런 제안들이다.

미국의 사회학자 디파치오는 지구적 비전을 놓고 경쟁하는 담론이 없는 상황에서 신자유주의가 빈곤 문제를 어떻게 왜곡하는지를 잘 지적했다. 시장에서의 무한 경쟁이 자연스럽거나 불가피한 것으로 받아들여지면, 복지가 경쟁력을 저해하는 비용처럼 보이는 것은 당연하다. 복지 담당자들은 재정경제부 눈치를 보고, 시민단체들은 예산을 따내기 위한 로비와 기부금 모집에 매달릴 수밖에 없다.

하지만 예산을 위한 로비와 기부금 모집은 빈곤을 끝내는 게 아니라 연장하는 것이다. 구걸하다시피 해서 따낸 예산이나 기부금이 축소된 복지를 만회해줄 수도 없지만, 빈곤에 대한 그런 접근이야말로 빈곤층을 사회적 부를 축내는 문제 집단으로 만드는 것이며, 빈곤층을 양산한 자본과 국가에 면죄부를 주는 것이기 때문이다. 그 많은 빈민들에도 불구하고 미국에는 왜 빈민운동이 없는가. 디파치오는 이렇게 답했다. 빈민을 돕고 대변한다는 자들이 무엇보다도 빈민을 양산하는 원리에 눈감으며, 빈민을 대신해 자본과 국가에 구걸해주는 선행으로 빈민들의 직접적인 정치세력화를 막았다는 것.

결국 빈곤을 둘러싼 투쟁에서 나오는 새로운 비전이 없다면 우리의 패배주의적 시각과 고갯짓은 멈추어지지 않을 것이다. 그래서 나는 '1% 나눔운동' 등을 전개하고 있는 시민단체가 진정 빈곤을 없애고자 한다면, 그 수익을 빈민들의 생계지원이 아니라, 그 책임을 방기하고 있는 국가와 자본을 향한 빈민들의 투쟁 자금으로 지원해야 한다고 생각한다.

나는 왜 한미FTA에 반대하는가

　　　　　　　　IMF 외환위기 사태 이후 지난 10년간 한국 사회에서 일어난 일, 그것은 한마디로 '추방'이다. 국가와 자본에 의한 대중의 추방! 대중은 권력과 부의 영역에서 계속해서 추방돼왔다. 농민들은 농촌에서 쫓겨났고, 노동자들은 직장에서 쫓겨났고, 학생들은 학교에서 쫓겨났고, 빈곤층은 복지로부터 쫓겨났다.

　　800만 명의 비정규직 노동자들과 300만 명의 농민들을 보라. 그들은 삶 자체로부터 완전히 '떠' 있다. 지난 10년간 정부와 재계가 그토록 외쳐온 '유연화'의 결과, 그들은 자신의 삶으로부터 뿌리가 뽑힌 채 생산현장 주변을 떠돌고 있다.

　　고용과 실업의 경계, 아르바이트와 정규직업의 경계가 불분명해졌다. 하는 일이 그렇고, 받는 돈이 그렇다. 생산과 소비라는 게 마치 '월마트에서 일하고 월마트에서 사먹는 꼴'이다. 노동력도 싸고, 물건도 싸고, 노동의 질도 낮고, 물건의 질도 낮다.

월마트에서 바꿔봐야 이마트! 거울을 보고 얼굴을 돌리지 말자. 체제의 주변에서 맴돌며 평생을 살아야 하고, 그런 삶이 자식에게 유전될 사회적 확률이 생물학적 확률보다 훨씬 높은 비정규직 노동자의 삶이 바로 '우리 자신'의 삶이다.

좋은 직업, 좋은 교육, 좋은 정보, 좋은 의료, 좋은 공공서비스……. 이젠 이런 것들을 꿈꾸는 것조차 힘들어졌다. 지난 10년 동안 두 개의 '순환'이 생겨났다. 중심에서는 '고급 직업—고급 정보—고급 의료—고급 서비스—고급 교육'이 세대를 넘어 순환한다. 반면, 주변에서는 '저급 직업—저급 정보—저급 의료—저급 서비스—저급 교육'이 세대를 넘어 순환한다.

어쩌다 이렇게 됐는가. 나라가 가난해져서? 천만의 말씀이다. IMF 위기 이후 우리 경제는 빠른 속도로 회복됐다. 문제는 그렇게 회복된 경제가 누구의 경제냐 하는 것이다. 부자들의 몫은 갈수록 커지는데 빈곤층은 몫은 갈수록 감소한다. 성장해야 나눠 먹을 게 있다는 말, 아랫목이 따뜻하면 결국 윗목도 따뜻해진다는 말, 지난 10년간의 통계는 이런 말들이 거짓임을 뚜렷이 보여주고 있다.

한편으로는 빈곤율이 13%에 육박하고, 우리 국민 6~7명 중 한 명이 절대빈곤층으로 떨어질 위험에 처해 있다. 그러나 다른 한편으로는 유례 없는 부자들의 시대가 구가되고 있다. 미국의 한 증권사는 올해 「아시아·태평양 부자 보고서」에서 100만 달러 이상의 재산을 가진 한국의 부자가 8만 6천여 명이며, 작년 대비 부자의 증가율에서 한국이 세계 1위라고 밝혔다. 가난한 사람이 더욱 가난해지는 속도와 부유한 사람이 더 부유해지는 속도가 세계 최고수준인 나라, 그것이 지금의 우리나라다.

지난 10년간 국가와 자본이 저지른 가장 잔인한 짓은 대중으로부터 '이유'와 '근거'를 박탈한 것이다. 그들은 대중이 자신의 몫을 요구할 이유와 근거를 앗아가버렸다. 직장을 잃은 노동자, 농토를 잃은 농민이 누구를 찾아가 무엇을 달라고 요구할 수 있겠는가. 생산의 지위가 부차화된 빈곤층이 어떻게 자기의 몫을 더 달라고 말할 수 있겠는가. 이유가 없고 근거가 없을 때, 대중의 '살게 해달라'는 요구는 구걸밖에 안 된다.

농민 문제를 노인복지 문제로 이해하는 정부관료들의 말을 들을 때마다 나는 피가 거꾸로 솟는다. 파괴된 삶을 대신해 제공된 복지. 그것은 처음엔 '위로금'이겠지만, 나중엔 '아까운 비용'이 될 것이다. 거지에 대한 모든 적선이 그렇지 않은가. '20 대 80의 사회'. 나는 그것을 '20의 적선으로 80이 살아가는 사회'라고 부른다.

나는 왜 한미 자유무역협정(FTA)에 반대하는가. 한미FTA로 인해 입게 될 손해를 산업별로 세세하게 지적할 수도 있고, 한미FTA로는 정부가 꿈꾸는 '미래 선진한국'이 불가능하다고 주장할 수도 있을 것이다.

그러나 내가 한미FTA를 반대하는 이유는 다른 데 있다. 나는 정부의 실패가 아니라 성공에 반대한다. 나는 한미FTA의 '손해'와 '불가능성'에 반대하는 게 아니라, 그것의 '성취'와 '가능성'에 반대한다. 나는 "복지도 엉망이고 양극화도 심한 미국이 저렇게 잘 버티는 이유는 고급 서비스업이 발달했기 때문"이라고 감탄하는 저 기괴한 사고법에 반대한다.

한미FTA. 우리가 앞으로 나아가기 위해, 도약하기 위해 반드시 필요한 일이라고 한다. 그러나 중요한 것은 '나아가는 것'이나 '도약하는 것'이 아니다. 어디로 나아가고, 어디로 도약할 것인가.

한미FTA가 가져올 미래를 모르겠다면 과거를 보라. 그것이 미래다! 지난 10년간의 성장은 10년간의 추방이었다! 한미FTA가 가져올 미래를 모르겠다면 현재를 보라. 그것이 미래다! 정부가 대중의 의견을 듣겠다며 한미FTA 공청회를 연 날, 김현종 통상교섭본부장은 벌써 미국 의회에 도착해 협상 선언을 준비하고 있었다. 정부의 결정은 이미 내려졌고 단지 요식이 필요했던 것이다. 미래를 설계할 때부터 추방된 대중이 그 미래를 영위할 수 있다고 생각하는가. 아니, 그 미래가 대중의 것이 될 수 있다고 생각하는가.

정부는 한미FTA를 체결하지 못하면 우리 모두에게 지옥이 닥칠 것처럼 떠들어대지만, 우리들의 지옥으로 '당신들의 천국'이 완성된다는 게 우리에게 무슨 의미가 있는가. 지금 우리에게 필요한 것은 그런 천국의 청사진이 아니라, 지난 10년간 우리에게 지옥을 강요해온 정부정책의 기본궤도를 수정하는 일이다.

꿈일 뿐인 교육, 꿈을 앗아간 교육

작년 4월에 발표된 톰 허츠(Tom Hertz)의 「미국 사회 계층 이동성에 관한 연구」(Understanding Mobility in America)는 현재 미국 사회에서 양극화가 얼마나 심화되고 구조화되었는지를 잘 보여준다. 그림에서 보듯이, "당신은 가난한 사람도 열심히 일하면 부자가 될 수 있다고 생각합니까?"라는 물음에 대다수의 미국들은 '네'라고 답하고 있다. 즉 미국은 부모에게 물려받은 건 없다 해도 본인만 열심히 일하면 성공할 수 있는 '기회의 땅'이라고 보는 것이다. 아래 도표에서 보듯이 긍정적 답변 비율은 시간이 갈수록 커지고 있다.

▶ **계층 상승 이동에 대한 사람들의 태도**

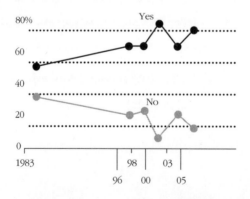

"가난한 사람도 열심히 일하면 부자가 될 수 있다고 생각하는가?"라는 질문에 대한 대답

그러나 허츠가 분석한 현실은 정반대였다. 정말로 열심히 일하면 성공 가능성이 있는가? 그럴 가능성은 미국인들의 생각과는 정반대로 시간이 갈수록 급격히 작아지고 있다. 한때 중산층 사회로 불렸던 미국은 현재 양극화 경향이 뚜렷해지면서, 경제학자 크루그먼(P. Krugman)의 표현을 빌리자면, '새로운 계급 전쟁'(New Class War) 시대로 진입하기 시작했다. 허츠의 조사에 따르면 상위 20%에 속한 사람의 자녀가 커서 상위 5%에 진입할 확률은 22%이지만, 하위 20%에 속한 사람의 자녀가 그렇게 될 확률은 1%이다. 가난한 집 자녀가 성공할 확률은 부잣집 자녀에 비해 22배나 낮은 것이다.

미국의 부자들이 재산의 자녀 상속보다는 사회 환원을 택하고, 자녀들을 경쟁 속에서 강하게 키운다는 건 완전히 잘못 알려진 것이다. 허츠의 조사를 보면 미국 부자들의 부(富)가 자식들에게 얼마나 잘 세습되는지 알 수 있다. 할아버지의 재산은 손자의 삶에 얼마나 큰 영향을 미칠까? 허츠의 조사에 따르면, 미국과 덴마크의 중산층 가정을 비교해본 결과, 덴마크는 1%(거의 영향이 없다)인 반면, 미국은 11%였다. 즉 미국은 덴마크에 비해 11배나 더 부가 질기게 세습되는 나라인 셈이다. 다음 페이지의 도표에서 보듯, 영국과 미국은 아버지의 소득 수준과 자녀의 소득 수준의 연관관계가 아주 높은 나라이다. 쉽게 말해 부가 다른 어느 나라들보다 잘 세습된다는 이야기다.

도대체 이유가 뭘까. 계급 계층의 재생산 통로 중 제일 큰 것은 교육이었다. 부자 부모들은 자녀에게 직접적으로 더 좋은 학교, 더 좋은 교육 서비스를 제공하며, 간접적으로도 자녀에게 더 좋은 교육에 도달할 수 있는 각종 부가 서비스를 제공한다. 허츠가 인용한 다른 조사에 따르면 교육에 대한 공

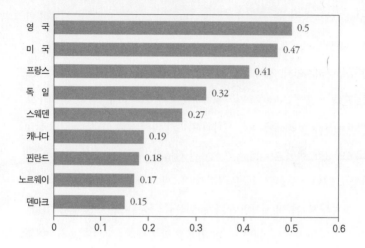

▶ 부자(父子)간 부(富)의 세습에 대한 국가별 비교

영 국	0.5
미 국	0.47
프랑스	0.41
독 일	0.32
스웨덴	0.27
캐나다	0.19
핀란드	0.18
노르웨이	0.17
덴마크	0.15

공 투자가 가장 적었을 때, 경제적 불평등이 가장 심한 것으로 나타났다. 미국 사회의 주류는 대부분 고급 사립학교를 나온 사람들이다. 고급 고등교육은 이제 상위계급 사람들의 전유물이 되었다. 앞으로 사회가 지식과 정보 기반 사회로 변해갈수록, 그것에 접근할 수 있는 핵심 통로, 즉 교육을 장악한 계급이 사실상의 지배계급이 될 것이다. 교육이 계급투쟁의 최전선이 되어가고 있는 셈이다.

그렇다면 한국은 어떨까. 여기 우울한 통계가 하나 있다. 옆 페이지의 도표는 1985년 이후 서울대학교 사회대학에 입학한 학생들의 가정환경에 관한 것이다. 도표에 표시된 고소득층 자녀란 부모가 의사나 변호사·대기업 간부 이상인 학생들을 가리키며, 비고소득층은 빈곤층이 아니라 고소득층에 속하지 않는 사람들의 비율이다. 1985년에는 그 비율이 대체로 1.3대 1(인구

▶ 고소득층, 비고소득층 가정의 입학생 수

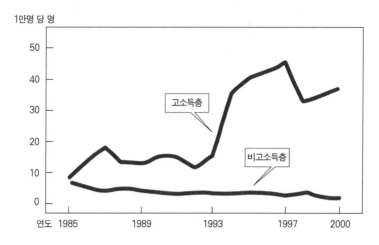

1만명 당 명

고소득층

비고소득층

연도 1985   1989   1993   1997   2000

1만명 당 8명 대 7명)이었다. 그러나 2000년에 그 비율은 16.8 대 1(37명 대 2.2명)로 커졌다. 이처럼 황당하게 격차가 벌어진 것은 두말할 필요도 없이 교육에 쏟아 붓는 돈이 다르기 때문이다. 이것이 무엇을 의미하는지는 두말할 필요도 없다. 우리 사회도 이미 끔찍한 양극화 사회에 접어들었으며, 교육이 그 중요한 통로가 되고 있다는 사실이다.

농민의 죽음 1: 범주의 사라짐

한국 사회에서 한 개인이 아닌, 한 범주로서 농민이 죽어가고 있다. 앞으로 농촌에는 노인들이 살고, 빈민들이 살지언정 농민은 살지 않을 것이다. 전원을 그리는 도시민이 올지언정 농민은 살지 않을 것이다. 관공서가 이전하고 큰 기업이 농촌으로 본사를 옮길지언정 농민은 살지 않을 것이다. 심지어 농사짓는 사람이 남아 있다고 해도, 그들은 더 이상 농민이 아닐 것이다. 그들은 거대 곡물기업이나 상인에게 고용된 농업노동자일 것이다.

지난 17대 국회의원 선거에서 한나라당은 당선권에 농민 몫의 비례대표를 넣지 않았다. 열린우리당도 당선이 불확실했던 턱걸이 순번에 지금의 농림부 장관을 걸었을 뿐이다. 농민이 정치적 대의성(representation)을 잃기 시작했다는 뜻이다. 이는 농민이라는 표상(representation)이 더 이상 의미 없게 된 상황과 무관치 않을 것이다. 농업인구는 아직 삼사백만 명 정도 되지만, 그들은 이제 다른 범주, 가령 노인이나 빈민의 범주로 해소되고 있다. 정치인들에게 농민들 대부분은 '시골의 가난한 노인네들'일 뿐이다. 정부도 적극적 농정을 포기한 지 오래인 것 같다. 특히 한미FTA 이후 정부가 내놓은 농업대책들을 살펴보면, 농민문제를 사실상 사회안전망, 사회복지 문제로 파악하고 있음을 알 수 있다.

　　그러나 '농민'은 오랫동안 사회과학에서 중요한 범주였다. 특히 혁명이론이나 사회주의 이행론에서 농민은 각별하게 다루어졌다. 노동자계급처럼 생산수단을 완전히 잃은 존재도 아니고, 자본가계급처럼 자본의 순환을 통해 이윤을 축적하는 계급도 아닌 모호한 존재. 대지와 아주 독특한 관계를 맺고 있고, 생산을 하지만 주로 자신의 소비를 위한 생산이기에 시장과는 일정한 거리를 둔 존재. 그들이 농민이다. 물론 농민들 중에는 아예 생산수단을 갖고 있지 않은 소작농도 있고, 사실상 농업기업을 운영하는 부농도 있지만, 손바닥만 한 땅뙈기라도, 자기 땅을 가진 중농 이미지가 오랫동안 사회과학이 그려온 농민의 형상이었다.

　　이런 성격 때문에 사회주의 혁명에서 농민은 문제의 존재였다. 한편으로는 지배계급을 타도하기 위해 노동자계급이 함께 해야 할 연대세력이면서, 다른 한편으로는 자기 땅에 대한 욕망 때문에 혁명기에 가장 보수적인 입장을 취할 수 있는 위험세력, 그리고 장기적으로는 사적 소유의 철폐와 함께 반드시 극복되어야 할 세력이기도 했다. 그래서 사회주의 혁명에 성공했던 소련도 중국도 농민을 혁명에 동원함과 동시에 혁명을 통해 농민을 해소하려 했던 것이다. 농업생산은 집단화되었고 농민들은 노동자화 되었다. 물론 혁명의 길이 달랐던 만큼 소련과 중국의 방식에 차이가 없었던 것은 아니다. 전자의 집단화 프로그램은 생산력에 방점을 찍고 있었고, 후자의 프로그램은 생산관계에 방점을 찍고 있었다. 하지만 집단화의 방식으로 농민 범주를 해소하려 한 점에서는 다르지 않았다.

그런데 역설적이게도 사회주의가 망한 오늘날, 우리는 여러 선진 자본주의 국가들에서 농민의 죽음을 목격하고 있다. 범주로서의 농민을 해체하고자 했던 사회주의 국가들의 기도를, 비록 다른 형태이기는 하지만 현재의 자본주의 국가들에서 목격하고 있다. 안토니오 네그리와 마이클 하트는 그들의 최근 저서 『다중』(Multitude)에서 이런 주장을 제기했다. "자본주의 나라들에서의 농업 생산관계의 변형은 상이한 경로, 또는 정말이지 개별적인 상이한 경로를 취했지만 (사회주의와) 유사한 결론에 도달했다."

미국에서는 이미 20세기 초반부터 소규모의 농업생산, 즉 소자작 농업이 불가능한 것으로 선언되었다. 시골 사람들은 도시 지역으로 대규모 이동했고, 농촌에는 대규모 농장들이 들어섰다. 그리고 나중에는 거대 농업기업들이 그것을 사들여 병합시켰고, 생산과 유통의 제 영역, 즉 종자, 용수관리, 생산기계, 화학처리, 가공, 시장판매 등의 영역들을 통합시켜 생산력을 비약적으로 발전시켰다. 이 과정에서 농민들은 사라졌으며, 단지 거대 농업기업과 곡물기업의 한 생산과정에서 일하고 있는 농업노동자들이 생겨났을 뿐이다.

흥미롭게도 사회주의에서 자본주의로 회귀한 러시아와 중국은 농업의 집단화 과정을 역전시켜 토지의 사적 소유를 복구시켰지만, 농업생산을 시장에 완전히 통합시킴으로써 농민의 죽음을 낳고 있다. 러시아에서도 중국에서도 농민들은 대지로부터 유리되기 시작했고, 토지의 사적 소유가 가능해진 그 순간에 토지를 소유할 수 없는 존재들이 되고 말았다. 한국의 농민들도 마찬가지 아닐까. 한국 농업이 세계시장에 개방되고 통합되면서, 그것도 단순히 농산물시장만이 아닌 산업의 전 분야가 얽인 시장에 개방되고 통합되면서, 농민 범주는 사실상 해체되고 있다.

　대지에 묶여 있던 한국 농민들은 지금 대지로부터 추방되어 유랑하고 있다. 현재 벌어지고 있는 농민들의 '한미FTA 저지 투쟁'을 보면서, '서울로 서울로' 싸우기 위해 올라오는 농민들을 보면서, 나는 대지에 붙들려 있던 과거 어떤 보수적 계급의 형상이 사라진 지 오래임을 깨닫는다. 아주 역설적이지만, 그리고 여전히 비극적이지만, 그래도 무언가 새로운 일, 어떤 작은 희망이라도 시작되는 것일까. 농민이 사라져가는 한국에서 농민들의 투쟁이 새로 태어나고 있으니.

농인의 죽음 2 : 의식은 또렷한테 숨쉴 수 없는

지난 5월 〈연구공간 수유+너머〉의 동료들과 전라북도 부안에서 서울까지 이곳저곳을 들르며 총 4백 킬로미터, 천 리 길을 걸었다. 한편으로는 많은 생명들을 죽음으로 몰아가는 정부 정책에 항의하기 위해, 다른 한편으로는 대중들과 소통하고 대중이 되기 위해 천리 길 행진을 감행했다. 매일 열 시간을 걸었고, 매일 저녁 토론회를 열었다. 그야말로 길에서 공부하고, 길에서 싸우는 소중한 경험이었다.

정말 많은 것을 보았고 많은 것을 배웠다. 갯벌의 작은 생명체들부터 어민, 농민, 비정규직, 장애인까지 수많은 생명들이 말 그대로 절명의 위기에 처해 있었다. 특히 농민들의 삶은 심각했다. 생명을 길러내는 농촌에 그토록 죽음의 그림자가 짙게 드리워져 있는 줄은 생각지 못했다.

첫날 부안의 해창 갯벌에서 출정식을 하고 계화도로 가, 널려 있는 조개들의 시체를 보았을 때만 해도, 나는 새만금 개발을 밀어부친 전북의 농민들이 한스러웠다. 그때는 마침 지방자치단체장 선거기간이었는데, 모든 후보들이 새만금 개발의 공을 자신에게 돌리고, 더 강한 개발 공약을 내세우느라 여념이 없었다. 개발에 반대하는 목소리를 내었다가는 돌팔매라도 맞기 십상이었다.

나는 '생명에게 웃음을' 이라고 쓴 팻말을 목에 걸고 하루 종일 걸어 다녔다. 길을 걷는 내내 전날 밤 계화도 어민에게 들은 조개 시체들의 사연을 생각했다. 우리가 도착하기 며칠 전 그곳엔 비가 내렸다고 한다. 바닷물이 막혀 목이 타들어간 뻘 속 조개들이 빗물을 느끼고는 일제히 바깥으로 나와 입을 벌렸던 것이다. 바닷물을 먹는 존재에게는 독극물과 다름없는 빗물에 필사적으로 입을 벌렸으니 그렇게 죽을 밖에. 그 가슴 아픈 이야기를 듣고 나는 '생명에게 웃음을' 이라는 구호를 적었다.

하지만 하루를 더 걸어 군산의 어느 농촌에 들어갔을 때, 나는 사람 얼굴을 하고 있는 많은 조개들을 보았다. 살기 위해 필사적으로 빗물을 향해 입을 벌렸던 그 조개들처럼, 독극물임이 분명한 개발을 향해 필사적으로 벌리는 입. 거기에서 '새만금을 개발하라' 는 요구가 나왔던 것이다(사실 우리가 방문한 마을의 농민들은 이미 조개의 슬픈 운명을 알고 있었고, 개발의 환상이 얼마나 자기들 삶을 망쳐놓고 있는지도 알고 있었다).

여러 사람들이 말하고 있는 것처럼, 정말 한국 농민들은 죽어가고 있었다. 연이은 농정의 실패로 오래 전부터 농촌은 피폐화되고, 농민들은 빚더미에 앉아 있었다. 지금 '한미FTA' 저지를 위해 필사적으로 싸우고 있지만, 90년대 들어 시작된 연이은 개방으로 농촌은 말 그대로 만신창이였다. 정부 관계자들은 '한미FTA'를 홍보하면서 과거 개방의 부정적 효과가 생각보다 크지 않았다고 말하지만, 실제로 농촌에 가면 완전히 반대 이야기를 듣게 된다. "어차피 노인네밖에 없는 농촌, 10년이면 농사꾼들 다 죽게 되어 있는데, 그걸 못 기다리고 빨리 죽으라고 가슴에 못을 박느냐!" 한 농민이 대통령 이야기를 하다 토해낸 말이다.

한국 농촌이 경제적으로 죽음을 맞이한 것은 오래되었다. 그런데 얼마 전부터는 사회적 죽음도 찾아왔다. 어느 농민이 내게 한 말이다. "마을만 살아 있다면 우리가 죽어도 이렇게 힘없이 죽지는 않을 것이다." '마을', 그것은 거기에 살고 있는 사람들, 거기서 자라는 곡물들, 거기에 있는 산과 강들의 총칭이다. 그런데 농촌에는 이런 마을들이 사라지고 있다. 사람들은 살고 있지만, 공동체로서 마을은 죽어버린 것이다.

"농촌이라고 농민들만 산다면, 그게 마을인가?" 어느 농민의 말처럼 마을은 여럿이 함께 구성하는 것이다. 농민만 있어서 되는 게 아니다. 아프면 치료해줄 의사도 있어야 하고, 아이들을 가르칠 교사도 있어야 한다. 그런 게 마을이다. 하지만 우리가 들른 곳에는 세 개 군을 합쳐야 산부인과나 소아과가 하나 있고, 세 개 면을 합쳐야 초등학교 하나가 있다. 아이들은 학교를 가기 위해 두 시간을 허비해야 하고, 환자는 병원을 가기 위해 한 시간을 내달려야 한다. "이런 곳에 누가

살러 오겠어?'

농촌의 경제적 죽음, 사회적 죽음은 결국 생물학적 죽음으로 이어진다. 우리가 들른 마을은 150여 가구로 이루어진, 주변에서 가장 큰 마을이었다. 그러나 지난 2년간 그곳에서 태어난 아이는 한 명도 없다고 했다. 공무원인 아버지를 따라 전입해온 두 명의 초등학생이 있었을 뿐이다. 그곳 청년부장은 이미 나이가 60에 접어들었다. "10년이면 어차피 농촌은 끝난다"는 말은 수사가 아니었다.

이렇게 허무한 공간, 이렇게 죽음이 짙게 드리워진 공간에서 사람들이 '혹시나' 하고 저지르는 게 대규모 개발이다. 사실 마을 사람들 누구도 새만금의 넓은 '농토' 이야기를 믿지 않았다. 제 집 앞 논도 놀리고 있는 판에 새로운 논을 만들어서 무얼 하겠는가. 그들 말은 달랐다. "땅을 넓혀 공장이 들어온다면", 설령 "공장이 안 들어오더라도 몇 년간 인부들이라도 필요하겠지." "몇 십조 원씩 되는 공사인데 떡고물로 몇 조라도 떨어뜨리고 가겠지." 허무하게 맞게 되는 죽음을 견딜 수 없어, 내지르는 비명이 지역 개발이었다.

계속 걷는 동안 새만금에 자기부상열차 공약이 내걸렸다는 이야기를 들었다. 자세히 확인하진 않았지만 사람들 입에서 입으로 돌고 있었다. 누구도 그만 하자는 말을 못했다. 단지 더 센 환상을 심어줄 수 있는 사람들만이 사람들의 지지를 받았다. '이제 그만'이라는 말을 내뱉는 순간, 그는 이 허무한 죽음, 이 대안 없는 죽음이 갖는 무게를 온통 떠안게 되어 있었다.

서천으로 오니 그곳에서도 개발 이야기가 나오고 있었다. 새만금이 만경강과 동진강의 하구를 막는 공사라면 거기서는 금강 하구를 막는 공사를 추진하고 있었다. 농민들은 환경부가 개발에 불리한 평가를 내린 것에 분개하고 있었다. 그곳 환경운동가의 말에 따르면, 금강 하구 뻘을 메우고 산업단지를 만들 계획이라고 한다. 그 환경운동가는 서천보다 해상 운송도 유리하고 분양가도 훨씬 저렴한 군산의 산업단지가 입주율 30% 근처를 맴도는 상황에서, 산업단지 개발을 위한 환경파괴는 말도 안 된다고 했다. 하지만 내가 보기에 말이 되고 안 되고는 중요한 문제가 아니었다. 당장 죽어가는 농민들, 도무지 무엇을 해야 될지 모르는 농민들에게는 아무 말도 먹히지 않았다.

하루하루 걸어갈수록 농민들의 살 길이 농촌 도로 갓길처럼 좁다는 것을 느꼈다. 우리가 걸었던 농촌 도로들은 깔끔하게 포장되어 자동차들이 씽씽 달리지만, 자동차를 피해 걸을 수 있는 갓길은 없었다. 우리를 반쯤은 감시하고 반쯤은 안내해주던 정보과 형사 말로는 농번기에 정말 많은 농부들이 차에 치여 죽는다고 했다. 읍내엔 멋진 문화센터까지 있지만 정작 생명을 지키기 위한 갓길이 없는 곳, 그곳이 농촌이었다.

얼마 전 한미FTA에 반대하는 농민들의 시위가 격화되어 일부 공공건물의 외벽이 무너졌고 불이 난 곳도 있었다. 이른바 '주류 언론들'이 폭도로 묘사한 사람들, 나는 그들이 어떤 사람들인지를 알고 있다. 그들은 세상의 누구보다도 생명을 사랑하고, 생명을 키워내는 일에 재주를 지닌 사람들이다. 그러나 그들은 서울로 올라오기 전, 이미 자기 땅을 갈아엎었고, 누군가에게 폭력을 행사하기 전에, 이미 자기 목숨을 끊은 사람들이었다. 정작 농민들 가슴에 붙은 불을 보지 않고, 그들의 무너진 가슴을 보지 않고, '파괴된 공공질서' 운운하는 정부 인사들의 정의감이 애처롭기 그지없다.

덧붙여. 지난 11월 세계보건기구(WHO)는 한국의 농약 음독 자살률이 세계 3위라고 발표했다. 한 해에 2천 명이 넘는 농민들이 자살하고 있다. 자살자 중 상당수는 그라목손이라는 제초제를 마신다고 한다. 2002년에는 음독자 2천 6백 명 중 70~80%가 그라목손을 마신 것으로 드러났다. 그라목손은 폐를 섬유화시켜 호흡부전을 일으킨다. 일부 뜻있는(!) 의사들의 운동으로, 현재 그라목손 병에는 "한 모금이라도 마시면 매우 고통스럽게 죽습니다"라는 문구가 들어가 있다. 일손이 부족한 농촌에서 농민들은 그라목손처럼 강력한 제초제를 이용하지 않을 수 없다. 그러다 울화통이 터질 때 농민들은 풀을 죽이는 그 약을 들이마신다. 의사들의 말에 따르면, 그라목손을 마시고 난 환자는 의식이 명료한 가운데 호흡곤란증으로 서서히 죽어간다고 한다. 어쩌면 지금 농민들 모두가 그렇지 않은가 싶다. 의식은 또렷한데 도무지 숨쉴 수가 없는 세상!

걸으면서 질문하기 : 위기에 빠진 생명, 그 권리를 묻는다

※이 글은 2006년 5월 〈연구공간 수유+너머〉의 대장정 때 발표한 선언문이다.

〈연구공간 수유+너머〉의 연구자들은 5월 10일부터 2주일 동안 새만금에서 서울까지 천리 길을 걸으며 길 위에서 공부하기로 결심했습니다. 자본과 권력에 의해, 특히 한미FTA로 인해 위기에 처한 생명의 권리, 삶의 권리를 지키고 키워나가기 위해서입니다. 걸으면서 묻고, 물으면서 걸어가기. 거짓 비전과 약속으로 희생된 저 새만금의 갯벌에서부터, 국익이라는 이름 아래 삶의 기반을 내놓게 된 농민들, 비정규노동자들, 예술가들, 국가 안보라는 이유로 자신의 대지를 잃은 평택 대추리의 주민들, 그리고 단지 시민이되기 위해서 생명을 걸어야 하는 장애인들, 노동만을 제공할 수 있을 뿐 어떤 권리도 가질 수 없는 이주노동자들. 이 모든 대중들, 이 모든 소수자들이 싸우는 그 길 위에서 우리는 배우고자 합니다. 배우기 위해 걷고, 싸우기 위해 걷겠습니다. 이 모든 소수자들, 이 모든 대중들의 형상이 바로 우리 자신의 형상임을 알기 위해, 그리고 그것을 또한 모두에게 알리기 위해, 천리 길을 힘차게 걷겠습니다.

1. 우리는 한미FTA에 반대하기 위해 걷습니다

우리는 '한미FTA'에 반대합니다. 주지하듯 '한미FTA'는 단순한 자유무역협정이 아니라, 두 나라 경제를 통합시키는 협정이며, 나아가 우리 삶의 미국적 재편을 요구하는 협정입니다. 우리는 '한미FTA'가 경제적 재앙에 그치지 않고 우리의 삶 전체에 재앙을 몰고 올 거라고 확신합니다. 그러나 우리는 또한 '도래할' 한미FTA가 우리 안에서 '이미' 작동하고 있음에 유념합니다. 우리 사회에는 아직 오지 않은 FTA의 재앙을 이미 체험하고 있는 다양한 소수자들이 있습니다. 바다로 통하는 새만금의 마지막 숨구멍에 콘크리트가 부어지던 날, 평택의 대추리 들판이 포크레인으로 파헤쳐지던 날, 생명을 건 농성에도 대꾸 없는 시청 앞에서 중증 장애인들이 삭발하던 날, 우리는 그것을 확실히 깨달았습니다.

우리 곁의 많은 이들이 쓰러져가는 것을 보며, 정부가 말하는 '이익'이라는 것에 대해 이제 분명하게 따져 물어야 한다고 생각했습니다. 지역개발을 위해 불가피하다며 갯벌의 생명들을 죽였습니다. 자유무역을 위해 불가피하다고 농민들에게 사망선고를 내렸습니다. 기업경쟁력을 위해, 좋은 기업을 유치하기 위해 불가피하다고 노동을 유연화하고 비정규직을 양산했습니다. 복지 예산이 없다며 불가피하다고 장애인을 장애인으로 만들어버렸습니다. 활동보조인을 고용하면 모두가 사회활동을 할 수 있는데, 짐짝으로 만들어 시설에 내던져 버립니다. 산업상의 필요 때문에 일은 시켜먹고, 불가피하다며 이주노동자들의 법적·경제적 권리는 부인합니다. 경제 발전을 위한다며 모셔온 외국 자본들은 투기를 일삼으며 막대한 부를 빼가는데, 정부가 눈에 불을 켜고 찾는 범죄자는 불법 이주노동자들입니다.

전체의 '이익'을 위해 '불가피'하다고 말하는 정부에 대해 이제 묻고자 합니다. 이미 주검이 된 갯벌의 생명들, 삶의 터전을 잃은 어부와 농부들, 이미 전체 노동자의 반을 넘어선 비정규직 노동자들, 단지 시민으로 살아가기 위해서도 싸워야만 하는 장애인들, 산업적 필요성만 인정받을 뿐 정치적 사회적 필요성은 거부당한 이주노동자들. '불가피하다'고 배제된 이들을 제외하고 남은 '전체'는 누구이며, 그 이익은 누구의 '이익'인가를 답하라고 요구합니다. '이미' FTA 상황 속에 존재하는 소수자들의 이름으로, 그리고 '도래할' FTA 상황 속에 존재하는 수많은 소수자들의 이름으로, 우리는 노무현 정부에 따져 묻기 위해 걷습니다.

2. 우리 모두가 함께 싸우기 위해 걷습니다

처음에는 물과 흙과 바람이 소수자였습니다. 처음에는 새만금의 조개와 천성산의 도롱뇽만이 소수자였습니다. 처음에는 늙은 농부와 어부들만이 소수자였습니다. 처음에는 장애인과 비정규직, 여성, 청년들만이 소수자였습니다. 그러나 이제 만물이 소수자입니다. 자본과 권력의 횡포 앞에서 모든 생명들이 위험에 빠졌음을 실감합니다.

우리는 이 모든 투쟁들이 함께 하고 있음을 증명하기 위해 걷습니다. 각자 처해 있는 삶의 구체적 상황이 다르고, 각자 지키고 싶은 삶의 내용이 다르지만, 우리 모두는 각자의 삶이 파괴된 이유를 다른 이의 파괴된 삶 속에서도 발견합니다. 나는 내 자리에서 싸우지만, 내 친구가 싸우는 자리가 또한 내 자리임을 압니다. 그래서 나는 친구에게로 걸어갑니다. 홈 패인 차별의 공간에서 우리 모두는 장애인이고, 시민권이 거부되는 곳에서 우리 모두는 이주노동자이며, 삶이 불안정한 곳에서 우리 모두는 비정규직 노동자이고, 삶의 터전을 잃게 된 곳에서 우리 모두는 농민이며, 생명의 위협을 받는 곳에서 우리 모두는 새만금의 조개입니다. 우리의 행진은 이들을 만나기 위한 행진이며, 이들과 함께 하기 위한 행진입니다.

3. 지식인들이 대중적 신체성을 갖도록 촉구하기 위해 걷습니다

우리는 추상적인 지표와 통계 수치들로 대중의 구체적 삶을 표현하는 지식에 반대합니다. 새만금 갯벌의 가치를 거기에 세워질 공장의 가치로 표현하고, 쌀시장 개방으로 유랑하게 될 농민들의 수를 도시에 새로 생길 서비스직의 수로 바꿀 수 있다고 생각하며, GDP 몇 % 성장으로 대중들의 삶 전체를 말할 수 있다고 생각하는 지식인들을 비판합니다.

우리는 대중에 대해 훈계하는 지식인, 대중에 대해 연민을 갖는 지식인 모두를 거부합니다. 우리는 지식인이 대중을 가질 수 있는 유일한 때는 지식인 스스로가 대중일 때뿐임을 압니다. 우리는 무엇보다도 우리 스스로 대중임을, 우리 스스로 소수자임을 깨닫기 위해, 그리고 또 그렇게 되기 위해 걷습니다. 〈연구공간 수유+너머〉에서 우리 먹을 밥을 우리 스스로 지었듯이, 우리 정신의 대중적 신체를 짓도록 하겠습니다. 우리의 말이 무기가 될 수 있을 만큼 단단해지는 계기로서 이번 행진을 삼겠습니다.

4. 우리는 생명의 권리, 삶의 권리를 요구하기 위해 걷습니다

'한미FTA' 반대 투쟁을 전개하면서, 우리는 권력과 자본에 의해 우리 자신의 삶, 대중의 삶, 나아가 생명 전체가 큰 문제에 직면했음을 깨달았습니다. FTA를 통해 발생하게 될 농민층의 대대적 붕괴, 그리고 유전자조작식품이나 환경문제 등으로 인해 위협에 처할 우리의 생명 활동 자체, 그리고 FTA와 더불어 본격화될 노동, 보건 및 의료 문제, 문화적 자생력의 문제 등등, 우리 자신의 삶 하나하나가 모두 위기에 처해 있음을 생각합니다.

따라서 우리가 마주한 위기는 생존과 생활, 생명의 문제이며, 우리의 투쟁은 우리 자신의 생명력을 확보하고 수호하기 위해 '생명권', '삶의 권리'를 발동하고 요구하는 것입니다. 이는 새만금 갯벌의 생명체들의 생존에 대한 요구와, 자기가 살고 싶은 곳에 계속 살려는 평택 주민들의 투쟁을 함께 사유하는 것이고, 또한 삶의 기반을 잃게 된 농민들과 예술인들의 투쟁을 함께 사유하는 것이고, 저임금과 열악한 노동환경, 강제 추방의 공포 속에 살고 있는 이주노동자들의 투쟁을 함께 사유하는 것입니다. 뿐만 아니라 생태적 다양성을 지키는 투쟁을 문화적 다양성을 지키는 투쟁으로, 나아가 삶의 다양성을 지키는 투쟁으로 이해하는 것이기도 합니다. 우리 생명에 웃음을, 우리 삶에 대안을 찾기 위해 걷겠습니다.

5. 늦지 않기 위해, 부끄럽지 않기 위해 걷겠습니다

새만금 물막이 공사가 끝난 마당에 우리의 행진이 늦었는지 모릅니다. 토지 수용이 상당 부분 끝나고 군이 곧 투입된다는 평택의 대추리도 더 이상 버틸 수 없을지 모릅니다. 무엇보다 한미FTA 협정문 초안이 이미 작성되었다고 하는 시점에 행진이 너무 늦게 시작된 건 아닌지 모릅니다. 하지만 모든 행동은 그것이 가져올 미래에 대해서는 늦지 않습니다. 언제나 후회만이 늦을 뿐, 행동은 결코 늦지 않습니다. 그래서 지금 걷겠습니다.

새만금 1억 2천만 평. 그것은 세계 간척사의 위대한 업적이 아니라, 역사에 길이 남을 우리 자신의 무지와 수치의 넓이입니다. 평택에 만들어질 미군기지 역시 세계 최대 규모를 자랑하지만, 그것은 우리 자부심이 아닌 부끄러움의 규모가 될 것입니다. 더 이상 이런 부끄러움을 용납하지 않기 위해서 지금 걷겠습니다.

지식인, 그 이미지와 현실 사이에서

2006년 초 어느 신문사 좌담에 나가 '우리 사회 지식인'에 대해 한마디 던진 게 화근(?)이 되어 여기저기서 원고와 강연 요청에 시달렸다. 우리 사회 지식인들, 특히 비판적 지식인들이 '현장성'을 상실했다는 요지의 말을 했는데 그것이 사람들의 반응을 일으킨 모양이다. 현장성 상실이라는 말로 내가 표현하고자 했던 것은 두 가지였다. 하나는 지식인들이 사회 운동의 현장에서 떠났다는 것이고, 다른 하나는 자기 삶의 현장을 돌아보지 않는다는 것이다.

1980년대만 해도 많은 지식인들이 운동의 현장에서, 그 운동을 자기 문제로서 고민했다. 조금 이상화해서 말하자면, 당시 지식인의 글은 자신이 부딪힌 문제에 대한 나름의 답변이었다. 그러나 90년대 이후 아카데미에 흡수된 지식인들은 운동현장을 자기 것이 아닌 다른 이들의 것으로서 경험한다. 그들에게 운동 현장은 어느덧 이론적 관찰의 대상이 되었다. 부르디외의 표현을 빌리자면 '긴급한 필요성 때문이 아니라, 해결하는 재미로 제기된 문제들'을 푸는 학자들이 부쩍 늘어났다.

뿐만 아니라 요즘 한국 지식인들은 자기 생계가 어떻게 꾸려지고 있는지, 자신들의 지식이 어떻게 생산되고 유통되는지에 너무 무관심하다. 남 이야기는 잘하지만 정작 자기 이야기는 하지 않는 게 한국의 지식인들이다. 자신이 수행하는 프로젝트는 누가 준 것인지, 연구 결과는 어떤 효과를 내는지 신경 쓰지 않는다. 사실 대개의 프로젝트들은 그것을 발주한 기관이나 세력의 이해관계가 강하게 반영되어 있다. 국가나 기업, 언론사가 교수들에게 주는 프로젝트 상당수에는 결과에 대한 암묵적 가이드라인이 제시되어 있다.

삶으로부터 분리된 지식인, 현장에서 떨어져 나온 지식인. 오랫동안 우리는 이것을 지식인의 존재조건인 양 말해왔다. 플라톤은 "평화롭고 한가하게 담론을 생산하는 자들"과 "물시계의 흐르는 물에 쫓기면서 언제나 긴급하게 이야기하는 자들"을 대비시켰는데, 전자만이 철학하는 자로서 적합하다고 생각했다. 삶에 쫓기는 자들은 차분히 숙고할 여유를 가질 수 없기 때문이다. '스쿨'(school)의 어원인 '스콜레'(schole)가 '여가'라는 뜻을 가진 것은 이와 무관치 않다. 물질적 이해로부터 떨어져 나올 수 있는 여유. 그것이 학문의 전제인 것이다.

그러나 삶에 쫓기지 않을 여유, 물질적 이해관계와 거리를 둘 수 있는 여유란 아무에게나 가능한 게 아니다. 지식인으로 살아가기 위해 갖추어야 할 '거리두기'는 사실상 특정 계층, 특정 계급 이상에게만 가능하다. 먹고사는 것이 다급한 빈곤층에서 지식인이 배출되기는 어렵다. 우리는 지식인이 물질적 이해로부터 자유롭기 때문에 계급이나 계층을 넘어 보편적 진리를 말할 수 있다고 말하지만, 그런 지식인이 특정 계급이나 계층으로부터만 충원된다면, 어떻게 그 지식의 보편성을 믿을 수 있을까.

솔직히 말해서 나는 자유부동(自由浮動)하는 존재로서의 지식인, 물질적 이해로부터 자유로운 지식인이란 하나의 이미지일 뿐, 오늘날 지식인과 거리가 멀다고 생각한다. 우리 사회 지식인들은 어떤 기반을 가졌고 어떤 경로를 통해 지식인이 될까. 내가 그것을 꼼꼼히 추적해 본 것은 아니지만, 대략적으로 살펴본 정황들은 아주 충격적이다.

내가 졸업한 서울대 사회과학대학의 경우를 예로 들어보자. 요즘 이 대학에는 누가 들어올까. 1985년 고소득층 자녀와 저소득층 자녀의 입학 비율은 1.3 대 1이었다. 가계 소득이 자녀 입학에 미친 영향이 상대적으로 작았다고 할 수 있다. 그런데 2000년 통계를 보면 거의 17 대 1에 가깝다. 고소득자 자녀의 비율이 상대적으로 13배 이상 증가한 것이다.

그럼 이렇게 들어온 학생들은 어떤 의식을 갖고 있을까. 2004년 서울대 사회발전연구소 조사 자료를 보면 기분이 씁쓸해진다. 진보와 보수의 정치의식이 소득분포와 거의 정확하게 일치한다. 고소득층 자녀일수록 보수적이고 저소득층 자녀일수록 진보적이다. 다섯 등분한 계층이 예외 없이 직선을 이루고 있다. 물질주의와 이상주의 성향을 조사한 결과도 마찬가지다. 부유한 학생들은 한결같이 물질적 이해를 밝히고 가난한 학생들이 관념적 이상에 치우쳐 있다. 출신 지역 분포도 마찬가지다. 외국에서 온 학생, 강남 8학군 학생, 서울비강남권, 지방도시, 읍면리 등으로 나누면 전자에 가까울수록 보수적이고 물질적이며, 후자에 가까울수록 진보적이고 이상주의적이다. 굳이 물질적 이해에 집착하지 않아도 되는 부유한 도시 학생들은 자기 실리에 밝은 반면, 정작 물질적 이해를 가져야 할 가난한 지방 학생들은 여전히 아름다운 세상을 꿈꾸는 이상주의자들이다. 그런데 이런 가난한 진보적 이상주의자들보다는 부유한 보수적 물질주의자들이 압도적 비율로 학교에 많이 입학한다.

　서울대 사회과학대학 학생들은 어디로 유학을 가고 어떻게 학위를 받을까. 2005년 미국 교육전문지 『더 크로니클 오브 하이어 에듀케이션』(*The Chronicle of Higher Education*)이 발표한 자료에 따르면, 서울대는 미국 박사를 가장 많이 배출한 해외대학으로 뽑혔다. 학부 졸업 후 모두들 미국으로 몰려간 것이다. 이들 미국 박사들은 귀국해서 학계와 기업, 국가기관으로 진출한다. 그리고는 서로가 서로의 주장을 떠받쳐주는 지지대가 되어준다. 서울대 교수들이 되는 것도 결국 이들이다. 사회대학 교수들 중 미국 박사는 1960년대 20%, 1980년대 50%였던 것이 2005년에 82%에 달하게 되었다(서울대 인터넷 뉴스 『스누나우』 2005년 1월 17일). 즉 사회대 교수 10명 중 9명은 해외 박사이고, 이 가운데 8명은 미국 박사다.

　물론 이런 막연한 정황들만 가지고 우리 사회 지식인들의 충원 경로를 결론지을 수는 없을 것이다. 하지만 특정 계층 이상만이 지식의 전당에 들어가고, 특정 국가로 유학을 가서 학위를 받은 뒤, 다시 지식의 전당을 장악한다면, 이는 결코 쉽게 보아 넘길 문제가 아니다. 학자 개개인의 양심을 의심해서가 아니다. 인간이란 누구나 자신이 서 있는 자리에서, 자신이 배운 방식으로 사물을 보는 법이다. 그것을 넘어설 수 있는 사람은 많지 않다.

내 주변의 많은 학자들은 우리 사회가 지나치게 지식인들, 학자들을 홀대한다고 분개하지만, 내 생각은 반대다. 우리 사회는 학자들의 말에 너무 많은 권위를 부여한다. 부족한 것은 대접이 아니라 의심이다. 분명한 계급·계층적 기반을 갖고 있고, 지식 형성 경로가 편중되어 있는 요즘 우리 사회의 지식인들의 말을 이제는 의심해볼 때가 되었다.

학자와 교수

　　　　　학자가 되고 싶은 사람은 대체로 교수도 되고 싶어 한다. 생계 걱정 않고 공부에 전념할 수 있다는 점에서 교수가 되는 것은 자유로운 학문 활동의 필요조건처럼 인식되기 때문이다. 그러나 사실 '불가피해서' 교수가 된 사람은 거의 없다. 그렇기에는 교수라는 직업이 너무나 매력적이다. 교수만큼 물질적 혜택과 사회적 존경을 받는 직업이 또 어디 있겠는가. 그래서일까. 최근 어느 조사에 따르면 서울대생들이 가장 선망하는 직업으로 교수가 꼽혔다고 한다.

　　그러나 학자가 되기 위해서 반드시 교수가 되어야 하는 건 아니다. 대학은 사회가 공인한 특정한 연구·교육 제도일 뿐이다. 그리고 교수란 그 기관에 종사하는 직업의 하나이다. 사실 나는 교수라는 직업이 학문하는 데 필요한 조건이라고 생각하지 않는다. 그렇기 때문에 〈연구공간 수유+너머〉 같은 곳에서 공부하고 있기도 하다. 내게 '교수'는 '생계 걱정 않고 학문에 전념하는 사람'이기보다는 '생계 때문에 학문하는 자유를 일정하게 포기한 사람'에 가깝다. 내가 어떤 자리에서 이런 견해를 표명한 적이 있는데, 자리를 함께 했던 어느 교수가 맞장구를 치며, 자신이 떠맡고 있는 불필요한 강의나 행정처리 부담이 얼마나 큰지를 하소연했다. 그러나 내가 말하려 했던 것은 그런 '배부른(!) 하소연'과는 조금 다르다.

대학이라는 기관이 설립된 이래 항상 그래왔지만, 특히 최근 한국의 대학에서는 학문의 근간인 '위대한 의문부호'를 품는 일이 거의 불가능해졌다. 요즘 교수들은 통념을 비판하기보다 그것을 양산하고, 권력과 부로부터 자유롭기는커녕 그것에 가장 빨리 적응하는 집단이 되고 있는 느낌이다. 과거의 대학은 학문한다는 이유로 세상을 등진다고 비난받았다. 군사독재시절 피폐해진 민중들의 삶에 눈감고 그저 공자왈 맹자왈만 한다는 것이었다. 그러나 요즘 대학은 너무나 세속적인 공간이다. 대학이 추구하는 지식은 인격도야라든가, 세계와 자기에 대한 인식 같은 것과는 거리가 멀다. 부가가치를 창출하는 지식, 즉 돈이 되는 지식 창출이 요즘 대학의 비전이 되고 있다.

2005년 말 대통령에게 보고된 '국가인적자원개발 기본계획'에는 아예 '아카데믹 캐피탈리즘'(academic capitalism)이라는 표현까지 등장한다. 지식을 상품으로 보고, 대학을 상품을 생산해내는 기업으로 보는 인식이 밑바닥에 깔려 있는 것이다. 이제 학내 기업 설립이 가능해졌고 100억대 자산을 가진 '교수사장'들도 배출되기 시작했다. 부를 움켜쥔 교수만 있는 게 아니다. 지난 17대 국회의원 선거 때는 100명도 넘는 교수들이 출마했고, 현 정부의 각료도 전문 정치인을 빼고는 교수 출신이 가장 많다. 지식기반 사회로 나아갈수록 지식으로 돈을 벌고, 지식으로 권력을 차지하는 교수들이 많아질 것이다.

다시 한번 고색창연한(!) 질문을 던져보고 싶다. 학문을 하기 위해 교수가 되어야 하는가. 과연 부가 곤궁한 학자를 자유롭게 하고, 권력이 억압받는 학자를 자유롭게 하는가. 부와 권력은 학자의 학문활동을 자유롭게 해주는가, 아니면 부와 권력으로부터 자유로워야 학자의 학문 활동이 자유롭게 되는 것인가. 여기서 두 철학자 이야기를 하고 싶다. 똑같은 대학에서 임용 제안을 받은 두 명의 철학자. 한 사람은 학문의 자유를 위해 그것을 거부했고, 다른 한 사람은 학문의 자유를 위해 그것을 수락했다. 그 두 사람은 스피노자와 헤겔이다. 이들의 사연은 피에르 마슈레가 쓴 『헤겔 또는 스피노자』(진태원 옮김, 이제이북스)에 자세히 실려 있다.

스피노자는 1673년 하이델베르크 아카데미의 교수인 파브르치우스로부터 임용 제안을 받았다. 파브르치우스는 자기 제안이 당시 권력자였던 팔라티나 선거제후의 뜻 아래 이루어졌음도 밝혔다. 그러나 스피노자는 젊은이들을 가르치는 일에 몰두하면 자기 연구를 포기해야 할까 걱정이라고 말했다. 그리고는 뒤에 슬쩍 자기 본심을 얹었다. 교수가 되면 기존 법률과 종교계율을 반드시 존중해야 할 텐데, 그러면 자기의 철학하는 자유가 제한받지 않을까 걱정된다고 했다.

편지에서 슬쩍 드러났던 그의 속내는 『정치론』에서 아주 명확해진다. 그는 "공공비용으로 건립된 학술원이 인간의 능력을 개발시키기보다는 억제하도록 만들어졌다"고 맹비난한다. 당시 절대주의 군주들은 국가의 문학과 과학을 자기 권력 아래 두기 위해 학술원으로 지식인들을 끌어 모았다. 네그리의 표현을 빌리면 "그때 많은 철학자들과 철학사가들이 군주의 학술원 건립에 동조했고 거기에 들어가는 자격을 얻으려는 욕망을 불태웠다." 그러나 스피노자는 학술원에서 자유를 꿈꾸던 당대의 학자들과 달랐다. 그는 학문하는 자유가 학술원 바깥에서만 온전할 수 있다고 생각했다. 국가와 종교에 대해 의문부호를 던질 수 없다면 그것은 분명 자유롭다고 말할 수 없으리라. 그는 학문의 자유를 권력과 종교가 허락한 곳에서가 아니라 자유를 위한 대중들의 싸움 속에서 찾으려 했다.

스피노자가 교수직 제안을 거절한 143년 후, 헤겔 역시 하이델베르크 대학으로부터 교수직 임용 제안을 받았다. 흥미롭게도 하이델베르크 대학 총장은 헤겔에게 보낸 편지에 스피노자를 초빙하려 했다 실패한 과거를 언급했다. 그러나 헤겔은 스피노자와 다른 선택을 했다. 그는 "대학에서의 연구에 대한 사랑 때문에" 교수직 제안을 수락한다고 답했다. 그리고는 편지 말미에 자기 속내를 슬쩍 얹었다. 보수를 더 높여주고, 숙소를 무상으로 제공할 것이며, 이사비용을 지불해달라고 했다. 요구가 받아들여지자 헤겔은 총장에게 감사의 편지를 다시 보내면서 "철학만큼 고독한 학문은 없는 까닭에" 자신은 "좀더 활기찬 활동 영역에 대한 욕구를 깊이 느꼈으며", 그 동안 대학에서의 학문적 "상호작용이 없던 것이 연구에 큰 장애였음을 통감하고 있다"고 했다. 스피노자가 제도 바깥의 고독 속에서 자유를 발견했다면 헤겔은 재야의 고독을 해소하기 위해 제도를 찾았던 것이다. 그러나 헤겔이 하이델베르크 대학에 머무른 것은 겨우 1년이었다. 그는 명성이 더 높아진 후 자신이 그토록 갈망하던 베를린 대학에서 제안이 들어오자 금세 자리를 옮겨버렸다.

여기서 두 철학자의 이력과 그들 철학이 겪은 역사를 다 말할 수는 없을 것이다. 다만 헤겔은 자기 생애에 이미 독일의 국가 철학자가 되었으며, 그의 철학은 오랫동안 철학과의 공식 커리큘럼이 되었다. 스피노자는 자기 철학 때문에 근본주의자로부터 테러를 당했고 파문과 추방도 겪었다. 그리고 그의 철학은 비공식적 채널로 은밀하게 유통되었다. 그러나 우리는 헤겔이 스피노자보다 더 자유롭게 철학을 했다고 말할 수 없을 것이다. 오히려 스피노자야말로 절대적 자유를 누렸는지 모른다. 학문하는 자유가 의문부호의 크기로 정해진다면, 스피노자는 철학사상 정말로 거대한 의문부호를 던질 줄 알았던 철학자이기 때문이다.

김진균 선생님을 그리며

투쟁의 장에서든 학술의 장에서든 선생님 곁에는 훌륭한 사람들이 많았다. 험한 길로만 다녔던 선생님이었기에 함께 하기가 쉽진 않았지만, 어떻든 계속 걸었던 사람들은 모두 훌륭한 운동가, 훌륭한 지식인이 되었다. 아마도 선생님과 연을 맺은 사람들 중에선 내가 가장 못난이일 것이다. 용기나 열정은 고사하고 숫기조차 모자랐던 나는 선생님 곁이 그렇게 부담스러울 수 없었다. 선생님을 존경하면서도 정작 옆에 있으면 물가에 생긴 맴돌이처럼 내빼기 바빴다. 선생님은 내 논문의 지도교수였고, 내가 대학원보다 더 열심히 다녔던 '서울사회과학연구소'의 소장이기도 하셨다. 하지만 나는 선생님을 뵐 때마다 무리를 동반하고는 그 속에 숨은 채로 말씀을 들었다.

내가 철학자 니체에 관한 해석으로 사회학 석사를 받겠다는 황당한 포부를 밝혔을 때, 선생님은 그저 웃으며 내게 니체에 대해 말해보라 하셨다. 고작 니체에게 감전된 게 전부인 나는 정리되지 않은 말들만 쏟아냈다. 그러나 선생님은 내치기보다 이해하려 하셨다. 사회학자들 중 누구라도 좋으니 니체와 비교해서 글을 써오라 하셨다. 심사 일정에 쫓기던 터라 나는 투덜거리며 니체 시각에서 베버를 비판하는 글을 썼다. 한참을 읽더니 '됐다' 하셨다. 무슨 뜻에서 하신 말씀이었을까. 선생님께선 분명 니체를 읽지 않으셨다. 그러나 선생님은 이후 내 논문을 하나도 다치지 않게 보호하셨고, 나를 설득하는 시간의 몇 배를 다른 선생들을 설득하는 데 쓰셨다.

그후 어떤 선생이 내게 논문 지도를 누구에게 받았느냐고 물은 적이 있다. 지도교수를 모르지 않을 터였기에 불쾌하기 짝이 없는 질문이었다. 그러나 곰곰이 생각해보면 선생님께 난 지도를 받지 않았다. '이렇게 해라, 저렇게 해라'는 말을 들어본 기억이 없다. 항상 '생각을 말해봐라' 하셨고 간혹 방향을 제시하고 싶으실 때도 '이게 낫지 않나'라고 나직이 혼자 말씀처럼 하셨다. 그러고 보니 선생님께서는 항상 대열 앞에 계셨지만 선동하거나 지도하는 분이 아니었다. 조용하게 그리고 묵직하게 걷고 계셨을 뿐이다. 하지만 선생님과 함께 걷다보면 누구나 자기 길을 찾을 수 있었다. 직접 가르치시지 않아도 배울 수 있었고, 직접 가리키시지 않아도 그 방향을 알 수 있었다.

나 역시 선생님의 '너른마당' 한 켠에서 자란 식물이었다. 볼품없이 굴러든 씨앗을 내치지 않고 품어주신 덕에 성장할 수 있었다. 하늘이 끌어올려서가 아니라 대지가 밀어올려서 자란 식물. 선생님 스스로는 지식인들의 대지가 민중이라고 했지만, 나의 대지는 분명 선생님이셨다. 왜 그리 무심하고 무례했을까. 지난 주 선생님의 상여 곁에서 만장을 들며 그렇게 눈물이 났다. 장례가 모두 끝난 뒤 비로소 나는 선생님이 이곳저곳에 쓰신 글들을 읽기 시작했다.

난 선생님이 오래전부터 싸우고 있던 것의 정체가 '죽음'이라는 걸 이제야 깨달았다. 당신의 죽음이 곁에 와 있던 지난 달, 선생님은 산 자들의 절규에 귀를 막는 사회에서 죽은이들의 장례위원으로 당신 이름이 들어갈 때마다 '소름끼친다'고 하셨다. 당신께 암이 재발하고 황달이 찾아왔을 때도 선생님은 황달 든 세상과 노동자를 더 걱정했다. "오늘 노동자의 살길이 노랗고, 죽은 노동자들의 자식들이 노랗고, 불쌍한 다른 노동자들이 노랗다"고

하셨다. 선생님은 군사독재 시절, 단식투쟁하는 친구를 걱정하며 찾아온 제자에게 이렇게 말했다고 한다. "민주화 운동을 하는 학생이 쉽게 생명을 버리진 않을 것이다. 이것을 우리가 믿자."

생명이란 죽음에 대한 저항이다. 선생님은 죽음으로 저항했던 사람들을 대신해서 죽음에 저항하셨던 분이다. 다니엘 벤사이드가 쓴 『저항』에는 이런 말이 있다. "저항하기란 항상 '저항할 수 없는 것에 저항하기'이다. 이 때문에 최고의 저항은 죽음에 대한 저항이다." 선생님의 저항이 그랬다. 죽음에 맞선 생명. 그래서 선생님의 대지에선 나 같은 풀조차 잘 자랐던 것이다. 선생님이 너무 그립다.

우리 마음속의 슬픈 괴물

이달 초(2005년 12월)까지만 해도 개인적으로 꽤 기분 좋은 연말이 될 거라고 기대하고 있었다. 무엇보다도 8년을 끌어온 박사 과정이 끝나기 때문이다. 학위를 받는다고 지금 생활에 큰 변화가 있는 건 아니지만 어떤 속시원함 같은 것을 기대했던 셈이다. 하지만 심사가 끝난 지금의 나는 그다지 즐겁지도 시원하지도 않다. 반은 필요에 의해서, 반은 관성처럼 얻고자 했던 앎의 자격증. 그것의 획득을 앞둔 지금의 나는 그 동안 내가 무의식적으로 쌓아왔고 그 안에서 편안했으며 때론 우쭐대기까지 했던 벽의 존재를 실감하며 우울하다.

내 12월의 기대가 뒤틀어진 직접적 계기는 열린우리당의 이상락 의원 구속 기사였다. 그의 구속은 국가보안법을 사이에 둔 여야의 가파른 대치 속에서 별 주목을 받지 못했다. 대부분의 신문들은 그의 의원직 상실로 여당의 과반수 유지가 어렵게 되었다는 것에 약간의 관심을 보였을 뿐이다. 그의 구속 이유는 '초졸'의 학력으로 '고졸' 행세를 한 것에 있었다. 처음 그 이야기를 들었을 땐, 너무 부끄러운 말이지만, 웃음이 나왔다. '초졸'의 학력을 숨겼다는 것보다 '고졸'로 '행세' 했다는 말이 도무지 이해가 되지 않았다. 대졸자가 넘쳐나는 사회에서 이왕 거짓행세를 하려면 최소한 '명문대 졸', 아니면 돈 주고 산다는 '명예박사 학위' 정도는 적어두지 하는 생각이 먼저 들었다.

그러나 『한겨레21』에서 그 복잡한 사연을 읽고 나서 내 기분은 착잡해졌다. 그는 충남의 어느 가난한 소작농 집안에서 태어나 겨우 초등학교를 마쳤다. 농사를 짓다가 상경한 그는 공장 노동자, 밤무대 가수 생활을 했고, 1980년부터 성남 지역에서 과일 노점상, 목수 보조 등의 막일을 했다. 그러다 성남 주민교회 이해학 목사를 통해서 사회 문제에 눈을 떴고, 이후 운동가로 변신해서 80, 90년대 수도권 빈민 운동을 이끌었다고 한다.

도대체 뭐가 아쉬워서 이렇게 성장한 운동가가 그런 거짓행세를 해야 했을까? 바리케이드 너머의 무서운 적들에도 꿈쩍 않던 그를 이토록 왜소하게 만든 것은 무엇일까? 정말로 싸우기 힘든 것은 저 너머에 있는 적이 아니라 내 안에 들어와 있는 적이고, 나를 위협하는 적이 아니라 나를 비참하게 만드는 적이라는 말이 있다. "초등학교밖에 안 나온 무식한 놈이라고 고백하기가 쉽지 않았습니다." 별 것도 아닌 것처럼 보이는 이 작은 '무학'의 부끄러움이 괴물이 되어 한 운동가를 먹어치운 것이다. 가난 때문에 채우지 못한 학력이 빈민 운동가를 무너뜨린 이 슬픈 현실에 무어라 말해야 할까.

지난 주 학위논문 심사가 끝났을 때 내게 제일 먼저 전화를 건 것은 어머니였다. 무사히 통과되었다는 말에 어머니는 크게 기뻐하며 "잘했네, 잘했네"를 연발하셨다. 아들의 학위 소식에 기뻐하지 않을 부모가 어디 있을까마는 어머니의 관심은 각별했다. 심사일정을 자주 물었고 그 뒤에는 항상 '고맙다'는 말을 덧붙이셨다. 나는 어머니의 조바심과 기쁨의 정체를 알고 있다. 어머니의 최종학력은 '초졸'이다. 그것도 서류상으로만 그렇고, 실제로는 2년 정도 학교에 나간 게 전부라고 하셨다. 어머니는 아마도 읽고 쓰고 셈하는 것 대부분을 살아오면서 터득하셔야 했을 것이다. 어머니는 삶 속에서 많은 것을 배우셨지만, 어머니의 최종 학력은 평생 그대로였다. 어머니도 마음속에 슬픈 괴물을 키워오셨던 것이다. 어머니 스스로 '한'이라고 말했던 그 괴물은 내 학위를 나보다도 더 오랫동안 기다려왔을 터이다.

　　많이 배운다는 것은 얼마나 좋은 일인가. 하지만 그것이 자격증이 되고 차별의 근거가 된다면 배움이 무슨 의미가 있을까. 우리는 배운 자가 배웠다는 이유로 혜택을 요구하고 못 배운 자는 바로 그 때문에 또 다른 불이익을 받는, 이중의 혜택과 이중의 불이익 속에서 살고 있다. 차별하는 자는 우쭐대고 차별받는 자는 스스로 부끄러워하니, 우리 맘 속 괴물을 도대체 어떻게 죽여야 할까? 올 연말 내게 슬픈 물음이 던져졌다.

미국의 서울대, 서울의 미국대

　　　　　　　　서울대는 세계 몇 등일까. 대학의 순위를 매기는 기준이나 선정기관이라는 게 그다지 신뢰할 만한 것은 아니지만, 1년에 몇 차례씩 외신을 통해 들어오는 서울대의 등수는 항상 뉴스거리다. 최근 중국의 어느 대학이 매긴 성적표를 보면 서울대의 종합 성적은 150위권 밖이다. 동네 일등을 놓치지 않았던 자식의 부모라면 받아들이기 쉽지 않은 등수다. 과목별로는 조금 나은 것도 있다. 2001년 도서구입비의 경우 105위, 2002년 '과학논문인용색인'(SCI)의 경우에는 34위까지 올라간다.

　　그런데 2005년 1월, 서울대가 세계의 대학들 중 '넘버 투'를 차지했다는 소식이 전해졌다. 1999년부터 2003년까지 5년간 미국 박사 학위 취득자의 출신 학부를 따져보았는데, 서울대가 2위를 차지했다는 것이다. 서울대는 버클리대를 제외하고 미국 내 어떤 대학보다도 미국 박사를 많이 배출했다. 그 수가 무려 1,655명에 이른다. 한 해 평균 300명을 웃도는 셈이다. 서울대가 배출한 국내 박사가 대략 400명 남짓이고 그 일부는 타 대학 출신임을 감안한다면, 학부로서 서울대가 배출한 미국 박사 수는 자체 배출한 국내 박사 수에 결코 뒤지지 않는다고 할 수 있다.

사실 미국 학위에 대한 열망이라든지, 미국 박사와 국내 박사의 차별이 어제 오늘의 이야기는 아니다. 새삼스레 그 문제를 여기서 다시 들추어내고 싶은 생각은 없다. 그것이 낡았거나 중요하지 않아서가 아니라, 그보다 더 심각한 문제가 이른바 '서울대 넘버 투 사태'에서 드러나고 있기 때문이다. 이 사태는 지금의 위기가 학위가 아닌 학문의 위기임을, 그리고 문제가 더 이상 대학의 등수가 아닌 대학의 지향에 있음을 보여준다.

요즘 한국 대학들은 경쟁력 강화를 위해 많은 노력을 기울이고 있다. 교수나 대학원생들에 대한 지원도 늘었고 연구논문에 대한 압박도 강해졌다. 대학만이 아니라 학위자의 경쟁력도 늘었다. 국내 박사의 실력이 미국 박사에 뒤지지 않는다는 것은 어느 정도 사실이다.

미국 박사인 어느 교수는 내게 실력 있는 국내 박사들이 부당한 대접을 받는 걸 볼 때마다 화가 치민다고 했다. 나를 생각해서 해준 말이겠지만 정작 나를 화나게 하는 쪽은 따로 있다. 학문과 대학 자체가 '미국적인 너무나 미국적인' 상황에서 나는 솔직히 미국 박사보다 더 경쟁력을 갖춘 국내 박사를 대변하고 싶은 생각이 없다. 국내에서 미국 박사보다 더 미국적 경쟁력을 갖추었다면 대견한 일이지만, 그런 거라면 나는 진심으로 미국 유학을 권하고 싶다. 한국노동운동사도 좋고 중국문학도 좋으니 미국 학자들의 시각이 궁금하다면 미국에 직접 가보는 것도 나쁠 게 없다. 미국에서 배웠다거나 미국을 배웠다는 건 그 자체로 좋은 일이지 문제일 턱이 없다. 문제가 있다면 미국 박사들 중 상당수가 미국적 시각을 하나의 시각이 아닌 유일한 시각으로 믿는 데 있을 뿐이다.

불행히도 이제 그 믿음이 실재성을 획득하고 있다. 미국 학문의 시각과는 다른 시각이라는 게 따로 존재하지 않기 때문이다. 국내 대학의 커리큘럼이나 연구방법은 이미 미국의 것과 크게 차이나지 않는다. 대학들은 지금 자국 출신 미국 학자들의 귀환을 기다리는 것을 넘어 스스로 그런 학자들을 양성하려 하고 있다. 미국 학자들의 귀환보다 훨씬 심각한 건 바로 이쪽이다. 학문의 지향에 대한 자기 성찰을 병행하지 않는 변화의 노력은 대학과 학문을 큰 위험에 빠뜨린다.

'서울대 넘버 투 사태'는 그 동안 서울대가 사실상 미국대학원의 학부 노릇을 해왔음을 여실히 보여준다. 나는 서울대가 이 사건을 어떻게 대할지 궁금하다. 만약 대학원중심대학에 대한 서울대의 표방이 미국의 학부 노릇을 하다 대학원 노릇을 하려는 거라면 희망은 없다고 해야 할 것이다. 한석규가 보여주지 않았던가. 자기 세계를 갖지 못한 자들은 제아무리 '넘버 투'라고 해도 결국에는 '넘버 쓰리'일 뿐이라는 걸.

학벌 딸리는 서울대

한국은 대단한 학벌사회다. 어느 대학을 나왔느냐가 삶의 형태를 상당 부분 결정한다. 그렇기에 유치원부터 고등학교까지 대학입시에 휘둘린다. 학벌사회의 정점에는 누구나 인정하듯 서울대가 있다. 서울대 자체는 무죄라고 말하고 싶어 하는 사람도, 서울대를 '서울대'로 만들어준 사회구조의 '유죄'를 부인하지는 못할 것이다. 그런데 재미있는 것은 서울대도 피라미드의 꼭대기가 아니라는 사실이다.

▶ 미국 박사 많이 배출한 미국 이외의 대학

순위	출신학부명	박사학위 취득자수	순위	출신학부명	박사학위 취득자수
1	서울대(한국)	1,655	11	토론토대(캐나다)	384
2	타이완국립대(대만)	1,190	12	맥길대(캐나다)	372
3	베이징대(중국)	1,153	13	뭄바이대(인도)	360
4	중국과학기술대(중국)	988	14	저장대(중국)	353
5	연세대(한국)	720	15	우한대(중국)	340
6	푸단대(중국)	626	16	베이징의대(중국)	339
7	출라롱콘대(태국)	466	17	상하이교통대(중국)	334
8	고려대(한국)	445	18	한양대(한국)	323
9	중동기술대(터키)	421	19	뭄바이인도공학원(인도)	316
10	난카이대(중국)	392	20	난징대(중국)	300

(출처 : The Chronicle of Higher Education)

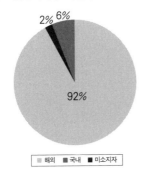

▶ 서울대 사회대 교수들의 박사학위 취득 국가

2% 6%

92%

해외 ■ 국내 ■ 미소지자

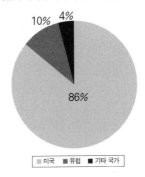

▶ 서울대 사회대 해외 박사 중 미국 박사 비율

10% 4%

86%

미국 ■ 유럽 ■ 기타 국가

　　세계 대학 순위 발표 때면 어김없이 100위 밖으로 처지는 서울대가 버클리 대학을 제외하고는 그 어느 미국 대학보다도 미국 박사를 많이 배출했다는 우스꽝스런 뉴스가 2005년 1월에 나왔다. 미국 대학보다도 미국 박사를 더 많이 배출하는 대학이라면, 당연히 서울대를 미국 대학원의 학부라고 보는 편이 사실에 가까울 것이다.

　　서울대만 나와서는 학벌이 딸린다는 걸 인정하고 있는 것도 서울대 자신이다. 서울대에 임용된 교수들의 대부분은 미국 박사학위를 가지고 있다. 서울대 사회대의 경우 교수 열에 아홉은 해외 박사이고, 그 아홉에 여덟이 미국 박사이니. 자기 사회를 분석하는 사회과학자가 그 눈을 미국에서 빌려오는 꼴이다. 참고로 서울대 인터넷 뉴스인 『스누나우』에 따르면 도쿄대의 미국 박사 비율은 3.2%라고 한다. 학문에서 폐쇄성은 죽음을 의미한다. 그런데 지금 우리 학문은 미국식으로(!) 폐쇄되어 있다.

공화국 주인의 권리

약자의 정신승리법이라는 게 있다. 실제로는 패배했지만 그 패배를 자신의 승리인 것처럼 정신적으로 조작하는 기법이다. 루쉰 소설의 주인공 '아Q'가 그 분야의 대가다. 그는 자신의 머리채를 휘어잡은 상대방에게 "나는 버러지야. 그러니 이제 놔줘"라며 굴욕적으로 항복한다. 하지만 상대방이 돌아간 뒤엔 금세 "자기경멸 분야에서는 그래도 내가 제일인자일 것"이라고 위안한다. 자신의 비참함을 기이한 해석학으로 극복하는 것이다.

국회가 자행한 탄핵사태를 보면서 나는 우리의 민주주의도 그런 정신승리법이 되지 않을까 걱정이다. 대한민국 주권자의 70%가 반대하는 일을 그 주권을 대행한다는 사람들이 저질렀다. 대행자들의 수장은 그런데도 큰소리다. "우리는 4년간 주권행사를 위임받았다." 아예 한 술 더 뜨는 사람도 있다. "어리석은 백성들이 우리 뜻도 이해하지 못한다." 세상에 이런 모욕이 있는가. 주권자의 뜻을 알면서도 어기고, '백성이 어리석다'는 말을 태연스럽게 내뱉는 사람들. 정상적인 주권자라면 그들을 당장 소환해서 직책을 박탈하고 책임을 물어야 할 것이다. 이런 모욕을 당하고도 주권에 관한 한은 우리가 제일인자라고 위안할 일이 아니다.

한번 생각해보자. 우리가 행사하는 주권이라는 게 4년 중 어느 한 순간, 그것도 빈칸에 도장 한 번 찍는 거라면, 우리는 스스로를 주권자라고 불러도 좋은가. 주권을 대신 행사해줄 사람 찾는 게 주권의 전체라면 우리가 그것을 주권이라 말할 수 있는가. 차라리 4년 내내 주권을 행사하는 사람이 4년에 딱 하루 그것도 아주 '이상한 방식'으로 행사하는 사람보다 더 주권자에 가깝지 않을까. 우리가 주권자이고 그들은 대행자일 뿐이라고 되뇌어본들 현실에서 주권을 행사하는 건 그들이 아닌가.

우리가 정말로 주권자라면 그에 걸맞게 행동해야 한다. 정신승리법을 통해서는 누구나 주권자가 될 수 있지만, 실제로는 주권을 행사하는 사람들만이 주권자다. 주권을 대신 행사해줄 지도자를 위해 4년을 기다리는 '정신상의 주권자' 짓은 이제 그만 두자. 4년 내내 주권자인 사람만이 4년의 어느 하루도·그럴 수 있는 것이다. 정치가 잘못 돌아가면 그때그때 바로 잡을 일이지, 애꿎은 손가락을 탓할 일이 아니다.

스피노자의 말처럼 주권의 양도는 환상 속에서만 일어난다. 스스로를 노예라고 생각지 않는다면 누가 그 귀중한 권리를 남에게 넘기겠는가. 우리가 명목상 권리를 넘긴다 해도 그것은 제3자에게 넘기는 게 아니라 우리 자신이 포함된 전체에 넘기는 것이다. 즉 우리는 단 한 순간도 권리를 남에게 넘기지 않는다. 물론 선거는 중요하다. 중앙선관위나 광화문의 범대위가 말하지 않아도 그날이 얼마나 중요한지 모르는 사람은 없다. 우리 공화국의 공적인 일들을 수행할 시민들을 바로 그날 선출한다. 하지만 착각하지 말자. 그날은 권리를 넘기는 날이 아니다. 권리 양도의 환상에 빠지면 주권의 배반을 목격하고서도 4년 내내 입다물고 지내야 한다.

매일매일 민주주의 사회라면, 주권도 매일매일 행사되어야 한다. 시민들은 어느 하루만 주인인 게 아니라 항상 주인이기 때문이다. 동료 시민을 계몽해야 할 어리석은 양떼처럼 취급하는 정치인은 민주주의 사회에 살 자격이 없다. 민주주의 사회는 시민들을 공손한 신민이 아니라 훌륭한 군주로 대접하는 사회인 것이다. 우리 시민들 역시 군주가 되어야 한다. 그래서 복종하는 법보다 지배하는 법을 배울 필요가 있다. 서로 대화하고 행동하면서 주권을 행사해야 한다. 정신상의 주인, 헌법 조문상의 주인이 아니라 실제로 공화국의 주인 노릇을 해야 한다. 정신상의 승리가 아닌 실질적 승리를 바란다면, 선거날만 기다리지 말고 지금 당장 광화문에 가서 촛불이라도 들자. 그것이 참다운 주권자의 모습이다.

평민이 빚진 사회

　　　　　　　탄핵문제도 일단락되었고, 새 국회도 시작되었다. 시민단체는 물론이고 정부 여당 내에서도 이번 탄핵사태로 대통령과 여당이 국민들에게 큰 빚을 졌다는 이야기가 나온다. 새 출발하는 대통령이나 여당한테 빚 이야기가 나오는 것은 채무자의 자세에서 국민을 섬기고 빚을 갚는 심정으로 확고한 개혁을 추진하라는 의미일 터이다.

　　하지만 급전이 필요했던 대통령과 여당이 큰 권력을 쥔 상황에서 그 빚을 갚을지는 의문이다. 이미 여당은 개혁의 주체나 대상, 방향에 대해 시각장애를 겪기 시작했다. 권력자들의 고질병이라 새삼스러울 것도 없지만, 그래도 열받는 건 열받는 거다. 단 하나의 정책에도 숱한 이해관계가 득실대는 상황에서 '실용'을 천명한다는 게 어떤 의미인가. 말이 이념을 표현하지 않는다고 행동조차 그럴 것이라고 생각하는 건 잘못이다. 언제 누구와 만나 무슨 정책을 추진할 요량으로 그 말을 꺼냈는가를 보면 그 이념은 선명하기만 하다.

어떻든 우리가 불량채권을 쥐고 있을 확률은 갈수록 커지고 있다. 대한민국의 주권은 국민으로 나온다는 헌법 제1조보다 더 중요한 것은 실제로 그 주권을 행사하는 국민들의 의지와 행위이다. 빚도 마찬가지다. 명목상으로는 돈을 빌려준 사실만으로 채권자일 수 있지만, 현실적으로는 그것을 돌려받을 수 있을 때 의미가 있다. 학창시절 주먹깨나 쓰는 친구들은 으레 돈을 빌려 썼다. 하지만 누구도 그들을 채무자라고 생각지 않았다. 오히려 채무자 의식을 갖는 건 빌려주는 쪽이었다.

인류학자 클라스트르는 '우두머리가 빚진 사회'와 '평민이 빚진 사회'를 대비시킨 적이 있다. 그가 든 예는 초월적인 국가권력의 출현을 막기 위해 우두머리에게 영구적인 빚을 씌우는 멜라네시아 지역의 '빅 맨' 체제와, 지배 권력의 유지와 강화를 위해 평민들에게 공물을 부과하는 폴리네시아 지역의 왕권 체제였다.

멜라네시아에서는 누군가 우두머리 자리에 앉는 순간 막대한 빚을 지게 된다. 그는 끊임없이 사회에 무언가를 내놓아야 한다. 그것은 그가 지도자 지위를 유지하려 하는 한, 떠안아야 하는 빚이다. 그는 자신의 땀으로만 그 빚을 갚아갈 수 있다. 권력자들이 왜 이런 이상한 짓을 하는가. 클라스트르는 이런 의문이 근본적으로 잘못되었다고 말한다. 왜냐하면 이곳 우두머리는 권력자가 아니기 때문이다. 그는 권력을 추구하는 사람이 아니라 사회 전체에 도움이 될 명예로운 일을 하고 싶은 사람이다. 사람들에게 우두머리로 인정받는다는 건 그에게 대단한 명예가 아닐 수 없다.

하지만 폴리네시아의 왕권 사회에서는 평민들이 빚을 진 것처럼 나타난다. 그들은 오직 평민이기 때문에 영원히 공물을 바쳐야 한다. 채무에서 벗어나려면 권력을 잡아야 한다. 권력자는 권력을 소유했다는 사실로부터 자신이 채권자가 되었음을 알아차린다. 부족민들의 사랑과 존경을 받는 한에서 우두머리의 지위를 유지할 수 있던 멜라네시아와 달리, 이곳의 우두머리는 권력이야말로 복종과 존경을 끌어낼 원천이라고 믿는다.

우두머리의 존재가 사회에 대한 채무에 기반하는 사회와, 사회의 발전이 어떤 우두머리 덕분이라 믿는 사회의 차이는 엄청난 것이다. 두 사회는 그 본질을 달리 한다. 우리 사회가 어떤 사회인지는 두말할 필요도 없다. 초월적 국가권력이 존재하는 사회, 권력의 눈으로 대중들을 바라보는 사회는 모두 평민을 빚쟁이로 만드는 사회다.

나는 부디 새로 출발하는 정부와 국회가 국민에게 채무의식을 갖기를 바란다. 하지만 권력자에게 권력자이길 그치고 채무자로 돌아가 달라고 간청하는 것은 참으로 볼썽사나운 일이다. 멜라네시아 사람들은 우두머리가 권력을 꿈꾸는 순간부터 그에 대한 추종을 거부한다. 그들은 채권자이지 채무자가 아니기 때문이다. 국민에 대한 채무의식보다 더 중요하고 더 실질적인 것은 국민의 채권의식이다. 채무자가 되느냐 채권자가 되느냐는 순전히 우리 손에 들린 불량채권의 처리에 달려 있다.

데모스(demos) 없는 데모크라시(democracy)

2004년에 국회에 의한 '대통령 탄핵'이 있었다. 대통령을 못마땅해 하던 의원들이 '국민의 이름'으로 심판했으나 정작 국민들로부터 외면당한 회극적 사태였다. 많은 시민들이 촛불을 들고 광화문으로 몰려갔다. 겉보기엔 대통령을 지키는 시위였지만, 그 시위에 참가해본 사람들은 누구나 느꼈듯이, 그것은 무엇보다 시민들, 대중들 자신을 지키기 위한 시위였다. 거기서 대중들은 스스로의 권리와 힘을 확인했던 것이다.

탄핵사태가 진정된 직후 『한겨레』에 쓴 칼럼에서 대중들이 쥔 '채권'이 대통령과 여당에 의해 불량채권으로 전락할 가능성이 크다는 우려를 나타냈는데, 유감스럽게도 사실이 되고 말았다. 대중의 힘에 기대어 되살아난 대통령은 그 스스로가 채권자인 양 대중들에게 훈계하고 명령했다. 대중들의 운명을 뒤흔들 '한미FTA'나 '평택 미군기지 건설' 같은 것을, 관료들 몇몇과 상의해서 결정하고 선포해버렸다.

대통령 머릿속에서야 어떤 아름다운 그림이 그려졌는지 모르겠지만, 그가 대중을 배제해버린 것은 확실하다. '한미FTA' 공청회가 열리던 시각 통상 담당 관료는 이미 미국 의회에서 협상 개시 선언을 준비하고 있었다. 공청회가 요식이었던 것이다. 평택에서도 마찬가지였다. 협상이나 토론은 보상에 대해서만 이루어졌다. 대중들에게 통보하는 대통령, 대중들에게 명령하는 체제는 어떤 이름으로도 민주주의라 불리기 어렵다.

한국 정치가 탄핵처리의 주도자였던 조순형이라는 이름과 탄핵에서 살아난 노무현이라는 이름 사이에서 진동하는 건 매우 불행한 사태다. 어느 이름에도 대중들은 들어 있지 않기 때문이다. 탄핵사태와 무관하게 최근 한국 사회에서 '명령'과 '통고'가 하나의 통치 관행이 되어가는 것 같다. 특히 중요한 정책이 전적으로 고급 관료들[테크노크라트]에 의해 결정되고 있다. 주로 고시에 합격해서 유학을 다녀온 이들이 주요 정보를 독점하고 국가 정책을 사실상 좌우하고 있다.

이번 '한미FTA' 추진 과정에서도 잘 드러났지만, 어떤 일이 왜 그렇게 결정되어야 하는지 대중들은 알 수가 없다. 정책 결정은 물론이고 기초적인 정보에 있어서도 대중들의 소외되고 있다. 게다가 지난 '론스타' 사태에서 보듯이, 이들이 저지른 실수나 범행은 사태를 돌이킬 수 없는 지점에서야 그 일부만이 드러날 뿐이다.

테크노크라트에 의한 지배 즉 테크노크라시가, 데모스에 의한 지배 즉 데모크라시를 대체해가고 있다. 이 테크노크라트들은 박정희 정권 때부터 꾸준히 성장해왔다. 이들은 정권교체의 영향도 받지 않는다. 어찌 보면 이들이야말로 교체되지 않는 정권이다.

대의제 민주주의의 꽃이라고 하는 의회는 정책 결정의 장식물이거나, 대중들의 정치적 관심을 엉뚱한 곳으로 유도하는 소품이 되고 있다. 언젠가 어느 시사프로그램이 고발했듯이 '한미FTA'에 대해, 해당 상임위원회 의원들마저 기본 내용을 모르고 있었다. 다음 페이지에 있는 표는 역대 국회의 법안 처리 현황을 보여준다. 표에서 보듯 테크노크라트들이 작성한 법안들은 여당을 거쳐 압도적 가결률로 통과된다. 뿐만 아니라 이들이 작성한 법안들은 대부분 대중들의 삶을 좌우하는 것들이다. 여론의 관심을 끌고자 의원들이 내놓는 귀여운(?) 선심성 법안과는 그 질이 다르다. 법을 제정하는 곳은 의회, 법을 집행하는 곳은 행정부, 법으로 심판하는 곳은 사법부라는 잘못된 통념을 버릴 때가 되었다. 법을 만들고 집행하는 이들은 모두 테크노크라트들이다.

▶ 역대 국회 법안 처리 현황

시 기	구 분	접 수	가 결	가결률(%)
13대	의원발의	570	170	30
	정부제출	368	321	87
	계	938	491	
14대	의원발의	321	196	61
	정부제출	581	567	98
	계	902	763	
15대	의원발의	1144	791	69
	정부제출	807	770	95
	계	1951	1561	
16대	의원발의	1912	514	27
	정부제출	595	431	72
	계	2507	945	
17대	의원발의	2611	355	14
	정부제출	411	237	58
	계	3022	592	

자유민주주의의 진정한 적은?

2004년 7월, 의문사진상조사위원회가 강제 전향 공작에 대해 죽음으로 항거한 비전향장기수들의 행위를 민주화 운동으로 규정한 것에 대해 말이 많았다. 이 일로 의문사진상조사위는 그야말로 난타를 당했다. 자유민주주의를 수호하기 위해 사상 검증을 게을리 않던 수구 신문과 자유민주주의를 위협하는 세력에 폭력적 응징도 마다 않던 우익 단체들의 공격은 그렇다 치자. 최소한 자유민주주의에 대한 상 정도는 공유한 걸로 알았던 여당조차 몸을 빼며 잽을 날리는 건 또 뭔가.

내가 놀란 건 의문사진상조사위의 결정이 아니라 그에 대한 우리 사회 주류 집단의 반응이다. 머릿속을 자유민주주의의 신성불가침 영역으로 알고 있는 나조차 이럴 땐 그들 머릿속이 들여다보고 싶어진다. 도대체 그 안에서 자유민주주의 행세를 하는 이념이 어떤 것인지. 자유민주주의의 근본을 부정하는 그 이상한 자유민주주의의 정체가 무엇인지 궁금하기 짝이 없다.

추정컨대 아마도 북한을 알리바이 삼아 시작한 오랜 변형 작업의 결과일 것이다. 적과의 대치를 이유로 하나씩 가한 변형이 이젠 자유민주주의의 '본'과 '말'이 무엇인지도 모르게 만들어버렸다. 북한 체제에 반대하기 위해 자유민주주의를 하는 건지 자유민주주의를 지향하기 때문에 북한 체제에 반대하는 건지. 단적으로 말해보자. 공산주의, 아니 그 할아버지 이념과 싸운들 무엇하겠는가. 자유, 민주, 인권을 포기하면 이미 자유민주주의가 아닌데.

이번 일만 봐도 그렇다. 신문들은 간첩을 민주화운동가로 만들었다고 난리다. 그러나 그의 간첩활동은 이미 법으로 처벌받았다. 의문사진상조사위가 민주화운동이라고 말한 건 간첩활동이 아니라 '전향거부' 활동이다. 본래 자유민주주의 체제는 사상과 양심의 자유를 자기 헌법에 명시하고 있다. 누군가의 머릿속을 드러내고 뜯어고치겠다는 발상 자체를 용납하지 않는 것이다. 전향 자체가 자유민주주의에 반하는 것인데, 도대체 자유민주주의로 전향한 사람이 아니라는 이유로 민주화 운동을 인정할 수 없다는 논리가 어떻게 가능한가. 국민의 정부 시절, 전향서를 대체한 준법서약서마저 거부한 강용주씨는 이렇게 말한 적이 있다. "'양심의 자유는 보장하지만 서약서는 써야 한다'는 말이 얼마나 형용모순인지 깨닫지 못하는 사회에서 제가 있어야 할 곳은 십오 척 담 안일 수밖에 없습니다." 그냥 법을 지키며 살겠다는 정도의 서약서를 그는 왜 거부했던가. 법을 어기기 위해서가 아니다. 바로 그 법이 기초하고 있는 자유라는 토대를 지키기 위해서다. "나는 권력 앞에서 내 안의 생각을 게워내 심사받아야 한다는 데 동의할 수 없습니다."

대한민국 자유민주주의의 형용모순적 성격은 2003년 입국했다 최대 거물 간첩으로 몰린 송두율씨에 대한 재판에서도 드러난다. 그가 북한의 정치국 후보위원인지 아닌지는 차차 밝혀지겠지만, 그의 학술 저작들을 처벌 근거 중의 하나로 삼은 검찰 기소문은 그 자체로 학문의 자유에 대한 심각한 위협이다. 순수한 학문적 동기가 아니라 정치적 동기에서 출발하면 학문의 자유가 없다는 말인가. 세상에 하느님도 알기 힘든 학문의 동기를 따지는 것도 그렇지만, 학술회의가 아닌 재판정에서 연구방법론 논쟁을 하고, 학자가 아닌 검사와 변호사가 그 의미를 다투는 현실은 슬프기까지 하다.

사상의 자유를 보장하는 자유민주주의 사회에서의 전향. 순수 학문적 동기에서만 학문을 하는 자유. 평화와 인권을 위한 전투병의 파병. 놀라운 건 이런 희한한 말들의 조합이 아무렇지도 않게 돌아다니는 현실이지, 원리에 충실한 의문사진상조사위의 결정이 아니다. 송두율씨의 표현처럼, 자유민주주의를 무자비하게 훼손하는 국가보안법에 자유민주주의 수호의 임무를 맡기는 우리 사회야말로 자기최면에 걸린 사회, 해외 뉴스거리가 되는 사회 아닌가. 분명히 말하건대, 자유의 진정한 적은 내 사상과 다른 사상을 지닌 자도, 내 자유와 다른 자유를 지향하는 자도 아니다. 진정한 적은 생각할 자유 자체를 박탈하려는 자다.

보안법이 불편하지 않은 당신에게

요즘 들어 텔레비전과 신문을 거의 보지 않았다. 무슨 거부감이 있어서가 아니라 오히려 그것들에 몰입하는 내 자신이 걱정돼서 일종의 격리치료를 하던 참이다. 이달 말까지 제출해야 할 논문도 있는 터라 나름대로 놀라운 자제력을 유지하고 있었다. 그런데 불행히도 오늘 그 자제력이 깨지고 말았다. 누군가 화장실에 신문을 가져다 놓은 것이다. 그것도 잘 읽지 않으면 정신 건강을 크게 해치는 그런 신문들 중의 하나를.

난 오늘에야 그 신문을 통해서 최근 논란이 된 여당의 국가보안법 폐지안을 자세히 확인했다. 주변에선 여당 안이 허울뿐이라고들 하던데, 그 신문 기사만 봐서는 꼭 그렇지도 않은 모양이다. "인공기 흔들고 북한 찬양해도 내란 목적 아니면 처벌 어려워." 내가 그 신문을 보고 맞장구를 친 것은 이번이 처음이다. 아, 정말 내란 목적이 아니면 인공기 흔들고 북한 찬양해도 처벌하지 말았으면 좋겠다. 그래서 올림

픽 때 잘하는 북한 선수들 찬양도 하고 간혹 그들 경기에 응원 소품으로 인공기가 등장해도 좋을 것 같다.

그 아래 기사는 더 좋았다. "주체사상 유포해도 학술차원 내세울 땐 제재 못해." 그래, 이런 게 정상이다. 주체사상에 별관심도 없고 거기에 뭔가 대단한 게 있다는 이야기도 못 들었지만, 별 해괴망측한 종교나 신화도 사유의 대상이 되는 판에 주체사상 연구를 막을 이유가 없다. 연구서 배포도 문제될 게 없다. 노무현 정부조차 좌파로 대접해 주는 야당 의원들이 잘하는 말 있지 않은가. '정부는 나서지 말고 제발 시장에 맡겨라.' 그 말이 정말 필요한 곳이 바로 여기다. 공안문제연구소 연구원들이 도대체 무슨 죄를 지었다고 매년 수천 건의 문서 감정을 떠맡아야 하는가.

"북 단체와 문서 교환, 친북행위 명백해야 처벌가능." 이제 "남한의 대학생 단체가 북한의 대학생 단체와 단순 의견 교환 목적으로 팩스를 주고받았다면 내란죄로 처벌할 수 없다." 얼마나 다행인가. '단순한' 의견 교환을 '내란' 이라는 무시무시한 죄로 몰아가지 않기로 했다니. 게다가 "간첩 신고 안 해도 불고지죄가 없어져 처벌이 불가능"하게 되었다고 한다. 그 동안 '가족을 고발하라' 고 명령함으로써 나의 반인륜성을 고발하게 했던 그 야만적 조항도 없어진 모양이다.

이렇게 좋은 제목들을 뽑아놓고 기자는 이렇게 해설했다. "문제는 명백한 친북활동의 목적이 있었는지를 입증하기가 말처럼 쉽지 않다는 것이다." 이 사람 정말 문제가 뭔지를 모르고 하는 말이다. 진짜 문제는 친북활동의 목적이 명백하지도 않은데도 일단 잡아넣고 보는 것이다. "북측과 연계된 인사의 지시를 받고 일종의 반체제 행위를 해도 그것을 부인하고 그 관련성을 숨길 수만 있다면 처벌받지 않는다." 당연하지 않은가. '숨길 수 있다'는 가정 아래서는 세상의 어떤 범죄도 처벌할 수 없다. 정말로 심각한 것은 '숨길 수 있다'는 사실 자체가 아니라, 그런 생각으로 가득 차서 세상을 보는 것이다.

언젠가 보수우익 단체의 집회에서 '국가보안법을 불편하게 생각하는 것은 간첩뿐'이라고 적힌 펼침막이 걸린 걸 본 적이 있다. 그러나 국가보안법은 그 법에 불편을 느끼는 사람보다 느끼지 못하는 사람들을 위해서 폐지되어야 한다. 사상의 자유가 국가보안법에 의해 지켜진다고 믿으며 사상의 자유를 한 번도 누려본 적이 없는 사람들, 스스로 국가기구가 돼서 자기 소중한 눈과 귀를 남을 의심하는 데 사용한 사람들, 자유롭다는 믿음 속에서만 살았을 뿐 말과 행동에서 한 번도 자유를 경험해본 적이 없는 사람들, 그들을 위해 국가보안법은 반드시 폐지되어야 한다.

자유를 최고로 여긴다는 사회에 살면서 온갖 자유를 옭아매고 있는 국가보안법에 아무런 불편도 느끼지 못한다면, 그리고 그 법 아래서 정말로 자유롭다고 믿는다면, 확신컨대 당신은 간첩이 아닐지는 몰라도 자유를 위해 한 번도 도약해본 적이 없는 사람이다.

그들은 또 어디에 법정을 열었을까

정신의 판관들

우리나라에 2005년까지 공안문제연구소라는 게 있었다. 경찰대학 산하에 있었던 이 연구소는 오랫동안 대학연구소라기에는 너무도 중요하고 방대한 업무를 수행해왔다. 여러 업무를 한다고 내걸었지만, 사실상 주된 업무는 우리 사회 온갖 곳에서 쏟아져 나온 소리와 글자의 사상성을 감정하는 것이었다. 책은 물론이고 신문, 방송, 음반까지 이른바 '표현' 이라고 부를 만한 모든 것의 사상을 감정해왔다. 1990년대 후반에서 2000년대 초반까지 5년간의 감정 건수가 3만 5천 건에 이른다. 이들의 감정결과는 경찰과 검찰이 수사를 하고 법원이 유죄 판결을 내리는 데 결정적 근거가 되어왔다. 『한겨레』의 보도에 따르면 이런 엄청난 일을 떠맡았던 사람들은 행정·정치·윤리 등을 전공한 8~9명의 연구위원들이라고 한다. 이들이 우리 사회의 정신적 판관들이었던 셈이다.

막스 베버의 찬양·고무죄

이들이 내린 판결 중에는 황당한 게 아주 많은데, 그 중 하나가 막스베버의 책에 국가보안법상 찬양·고무 혐의를 둔 것이다. 베버의 『프로테스탄트윤리와 자본주의 정신』이 찬양·고무 판정을 받았다.

사람들의 '비웃음' 이 빗발치자, 공안문제연구소는 이것이 '옮겨 적기 과정' 에서 생긴 실수이며, 실제 감정결과는 찬양·고무로 몰기에는 '미흡하다'였다고 한다. '잘못 옮겨 적었다'는 말이 정말인지, 아니면 수험생들의 오랜 변명 같은 것인지는 모르겠다. 그러나 그 책이 의심스러워(혹은 스스로 평가능력이 없어) 공안문제연구소에 감정을 의뢰한 기무사나, 그것에 황당한 감정결과를 내놓은 공안문제연구소나 어이없기는 마찬가지다.

베버의 책을 출판했던 출판사 사장은 인터뷰에서 이렇게 말했다. "외국에 이 사실이 알려질까 걱정이고 부끄럽다."

유신 시대의 정체성

　　　　　　　　여전히 박정희 시대인가. 요즘 신문을 읽다
보면 지난 30여 년간 우리가 박정희 시대에서 얼마나 벗어났는지 회
의가 든다. 아버지를 꼭 닮은 박근혜 대표는 대한민국의 국가정체성이
근본에서 흔들리고 있다고 연일 맹공이다. 비전향 장기수의 민주화 운
동 인정, 북한 함정 교신보고 누락파문, 국가보안법 폐지 움직임, 친일
진상 규명 등으로 대한민국 정체성이 크게 위협받고 있다는 것이다.

　　반대편에서는 유신반대투쟁이 한창이다. 정수장학회와 문화방
송, 부산일보의 커넥션을 통해 박정희 시대의 야만성과 부패성이 폭로
되었다. 쇠고랑을 채워 재산을 강제 헌납케 하고, 측근들이 그 운영권
을 나눠 갖는 시대. 참으로 무서운 시대였다. 때마침 박정희 기념관 건
립에 국고를 지원하는 문제가 불거져 유신반대투쟁의 전선은 더욱 확
대되었다.

　　공교롭게도 박근혜 대표가 대한민국 정체성의 심각한 위협이라

고 느끼는 모든 사안들이 그의 아버지 박정희와 관련된 것들이고, 정치권과 신문의 모든 이데올로기적 전선이 박정희 시대를 둘러싸고 벌어지고 있다. 하지만 따지고 보면 공교로울 것도 없다. 대한민국의 현 정체성은 박정희 시대에 만들어진 뒤 '수호'되기만 했지, 단 한 번도 새롭게 '생산'된 적이 없기 때문이다. 그러니 박근혜 대표가 대한민국 정체성 수호투쟁을 벌이는 일은 또한 아버지를 수호하는 일이기도 한 것이다.

'죽은' 박정희와 이렇게 오래 '살아도' 되는 걸까. 나는 '유신이냐, 미래냐'는 노무현 대통령의 말이 우리 시대 진로에 대한 정확한 표현이라고 생각한다. 그러나 나는 노 대통령 자신이 미래에 속한다고 생각지 않는다. 박근혜 대표는 노 대통령에게 정체성을 밝히라고 펄펄 뛰지만, 노 대통령은 이미 답변을 내놓았고, 내가 보기에 그것은 박정희의 답변과 크게 다르지 않다. 정치권이 통째로 외면하고, 모든 언론이 한통속으로 침묵하고 있는, 대한민국 정체성에 대한 노 대통령의 최근 답변. 그것은 이라크 파병이다. 박정희 기념관은 죽은 박정희를 기념하는 것이지만, 노 대통령의 파병 결정은 죽은 박정희를 살리는 것이다.

1965년 박정희는 '월남파병환송 국민대회'에서 의미심장한 말을 던졌다. "역사는 항상 되풀이합니다." 지금 상황을 보면 가슴 칠 정도로 정확한 예언이지만, 사실 그 말은 예언으로 던져진 게 아니었다. 그는 우리 모두가 되풀이 해서 마주하는 역사의 물음을 이야기한 것이다. 그는 베트남전이 6·25 때의 물음을 되풀이 하고 있다고 생각했다.

그는 장병들에게 이렇게 말했다. "자유수호를 위한 십자군임을 자부하십시오."

불행히도 노 대통령은 몇 글자 틀리지 않는 범위 내에서 박정희와 동일한 답변을 내놓고 말았다. 성스러운 십자군 전쟁을 선언한 부시의 요구에 화답하는 형태로 그는 침략 전쟁에 대한 역사의 물음에 자기 정체성을 밝혔다. 날짜와 규모도 밝히지 않은 채, 아무런 환송대회도 없이, 철저히 보도통제를 한 상태에서 그는 이라크에 군대를 보냈다. 하지만 그런 것들로 유신과 미래가 갈린다고 생각하면 큰 착각이다.

개인이건 집단이건 정체성이란 기억과 관련되어 있다. 내가 여전히 '나'임을 증명하는 것은 내 기억이고, 국민에게 하나의 정체성을 부여하는 것은 '역사'라는 기억이다. 그래서 새로운 기억을 갖지 못하면 새로운 정체성은 생산되지 않는다. 6·25를 떠올리자고 했을 때 노근리의 양민들이 먼저 떠오르고, 베트남전을 떠올리자고 했을 때 한국군에 의해 살해된 380명의 양민들이 잠든 고자이 언덕이 떠오르고, 이라크전을 떠올리자고 했을 때 김선일씨의 '나는 살고 싶다'가 떠올랐다면, 노 대통령이 그런 답변을 내놓지는 못했을 것이다.

이런 게 바로 정체성이다. 박근혜 대표가 그토록 알고 싶어 하는 노 대통령의 정체성이고, 박근혜 대표가 그토록 지키고 싶어 하는 아버지의 정체성이며, 대한민국이 어떻게든 넘어서지 않으면 안 되는 유신시대의 정체성이다.

유신을 유신하기 위하여

노무현 시대와 박정희 시대는, 너무나 당연한 말이겠지만, 많이 다르다. 하지만 몇몇 결정적 대목에서 노무현은 박정희를 떠올리게 한다. 그 하나가 이라크 파병이다. 사정이 있고 속셈이 있겠지만, 군대를 해외 파병한다는 것, 그것도 어떤 전쟁인지 잘 알면서 파병한다는 것은, 사정과 속셈 위에 있는 원칙을 건드리는 일이다. 노무현은 파병이 고뇌에 찬 결단이었다고 했다. 그만큼 힘든 결정이었다는 말이다. 하지만 바로 그런 결단이었기에 사람 됨됨이, 정부 됨됨이, 시대 됨됨이가 드러나는 것이다. 노무현은 거기서 박정희를 벗어나지 못했다. (노무현은 이라크 파병을 '참 장사 잘한 것'이라고 했지만 그 계산 장부는 공개되지 않았다. 다만 박정희는 그 자신이 표방한 이념과는 별개로 월남파병을 통해 짭짤한 수익을 얻었다는 게 세간의 평가다.)

최근 '한미FTA' 체결을 위한 정부의 홍보 방식에서도 유신의 냄새가 물씬 난다. 박정희 정부는 잘 알려진 것처럼, 국가의 살길이라며 유신헌법 제정에 대한 찬성 토론만을 허용하고 반대는 불법화했다. 강도의 차이는 있을지 몰라도 한미FTA에 대한 정부의 홍보 방식이 그렇다. 찬성 홍보물은 교육부가 나서서 학교에 배포하고, 반대 홍보물을 두는 것은 정치 교육이라며 비난한다. 찬성은 비정치적이고 반대는 정치적이라는 이상한 논법이 횡행하고 있다. 게다가 반대 운동을 벌이는 시민단체에는 정부의 국고보조금 지급을 중단하겠다고 한다. 정부를 국가와 완전히 동일시하기 때문에 생기는 발상일 것이다. 체결이 국익인지, 체결저지가 국익인지를 어떻게 판단할 수 있는지 모르겠다. 정부에 반대하면 국가에 반대한다는 생각, 자신들만이 국익을 판단할 수 있다는 생각, 그런 게 대통령과 정부, 국가를 동일시했던 유신의 발상이었다.

하기는 노무현의 문제만이 아니다. 2000년대 사회과학계에서 일정하게 유행하고 있는 민주주의 발전론(민주주의 미완성론이나, 민주화 이후 민주주의를 사고하는 것은 모두 참된 민주주의, 민주주의의 발전단계 등을 가정한다)을 주장하는 이들은 박정희 시대와 싸웠고, 박정희 시대를 극복하려 했지만, 사실상 박정희 시대의 자식들이라 할 수 있다. 박정희 시대를 풍미한 발전주의로부터 여전히 자유롭지 않은 것이다. 노무현 시대 속에 박정희 시대는 여전히 살아 있다.

'파월장병환송대회'에서 박정희는 역사의 반복을 이야기했지만, 정확히 말해 반복되는 것은 역사가 아니라 역사의 물음이다. 그 물음에 다르게 대답하는 것이야말로 역사의 지속을 끊고 새로운 역사를 시작하는 것이다. 노무현이 여러 번 암시했듯이 파병에는 복잡한 계산법이 존재한다. 그렇기에 그는 아래 박정희의 환송사처럼 확신에 찬 연설을 할 수 없었을 것이다. 그러나 역사를 끊고 다시 시작하는 일, 역사의 물음에 다르게 답하는 일은 '머리 굴리기' 이상의 생각과 실천을 요구한다는 것을 알아야 한다.

박정희, '월남파병환송 국민대회 환송사' (1965년 2월 9일)
친애하는 월남파병 장병 여러분!
내외귀빈, 그리고 반공애국시민 여러분!
오늘 우리 국민 전체가 지대한 관심을 가지고 있고, 또 전세계가 주시

하고 있는 가운데 자유월남으로 떠나는 국군장병 여러분들의 장도를 축복하고 무운을 빌면서, 여러분을 환송하는 우리의 심정은 헤아릴 수 없는 감회에 가득 차 있습니다.

(중략)

나는 이러한 우리의 판단과 결의가 지극히 정당하다는 것으로 확신하는 바이며, 또 앞으로의 역사가 반드시 우리의 이 숭고한 결심을 의롭고도 영광스러운 처사였다고 증명해줄 것을 확신해 마지 않습니다. 물론 지금과 같이 국내외로 당면한 여러 문제가 매우 어렵고 중대한 시기에 있어서, 우리의 가장 귀중한 한국의 아들들을 생명의 위험을 무릅쓰게 될 월남전선에 파견하는 것은 두말할 것도 없이 우리에게 있어서는 물심양면으로 크나큰 걱정과 부담이 되지 않을 수 없는 것입니다. 그러나 이것은 오늘날 자유세계의 일원으로서는 응당 지녀야 할 도의적인 책임이요, 또한 의무라는 것을 결코 잊어서는 안 될 것입니다.

(중략)

역사는 항상 되풀이합니다. 다시 한번 6·25 때 우리의 처지를 회상해 봅시다. 초기에 적이 남침을 개시하자 우리는 후퇴에 후퇴를 거듭했습니다. 유엔군의 선봉으로 미24사단이 즉각 출병을 했으나 초기에는 전세가 불리하여 한국군과 같이 낙동강 전선까지 후퇴를 했습니다. 한때는 우방 국가들 중에도 한국 사태를 거의 절망적이라고 보는 때도 있었습니다. 그러나 우리 국군과 우리 국민들은 조금도 용기를 잃지 않고, 용감하게 싸웠습니다. 왜? 유엔 16개국 우방군이 계속 참전을 하여 우리를 돕고 우리가 외롭지 않다는 것을 알기 때문에, 우리는 용기를 상실하지 않았던 것입니다. 6·25 때 공산침략을 막을 수 있었던 근본 원인은 우방의 지원과 우리 국민의 용기였던 것입니다.

　출정장병 여러분! 여러분들은 6·25 때 우리를 도와준 자유우방의 전우들과 꼭 같은 자유수호를 위한 십자군이라는 것을 자부하십시오. 침략자를 막고 선량한 우방을 도우러 가는 것입니다. 5천 년 역사를 통해서 우리 민족은 수많은 외적으로부터 침략을 당했습니다. 그러나 우리가 남을 침략한 일은 단 한 번도 없었습니다. 그러기 때문에 우리는 침략자를 누구보다도 증오하는 민족입니다. 그렇기 때문에 '의'로운 일이라면 남보다 앞장서겠다는 드높은 기개를 가진 민족이란 것을 자랑하고 싶습니다. 이웃집에 강도가 침입한 것을 보고 그대로 방치해둔다면, 이웃집을 털고는 다음에 우리 집에 침입할 것은 뻔한 일이 아닙니까? 자유월남의 반공전선은 우리의 휴전선과 바로 직결하고 있는 것입니다.

　출정장병 여러분! 여러분들 양 어깨에는 조국의 명예와 2천 7백만 민족의 한결같은 기대가 걸려 있다는 것을 명심하십시오. 그리고 여러분은 국군 중에서 선발된 가장 정예라는 긍지를 가지십시오. 여러분에게 부하된 임무를 훌륭하게 성공적으로 완수하고, 군기엄정하고 용감무쌍한 국군의 전통을 더욱 빛나게 해주실 것을 당부합니다. 여러분을 떠나보낸 우리 국민들은 여러분의 노고를 결코 헛되이 하지 않도록 더욱 분발해서 경제건설에 총력을 기울일 것입니다. 하느님은 자유의 십자군인 여러분의 장도에 반드시 가호가 있을 것이며, 영광을 베풀어주실 것입니다.

　끝으로 여러분의 건투와 무운장구를 기원하는 바입니다.

전쟁을 똑바로 보라

악의 평범성. 아렌트가 나치 전범 아이히만의 재판을 보고 내뱉은 말이다. "아이히만의 과거 행적들은 소름끼쳤다. 그러나 지금 재판을 받고 있는 실존 인물로서의 그는 일상적이며 평범할 뿐 악마 같지도 않고 기이하지도 않다." 재판관들은 악행의 근본 동기들을 찾으려 했지만, 아이히만에게는 악의적 동기도, 이데올로기적 확신도 없어 보였다. 그는 그냥 보통사람이었다.

"여기 하나가 죽은 척하고 있네." 이라크 팔루자의 한 건물을 뒤지던 미 해병대 병사는 총을 쏘기 전에 그렇게 태연하게 말했다. '세상에서 인간이 목격할 수 있는 가장 추악한 장면.' 우리는 그것을 보았다. 사살된 사람이 그 직전까지 군인이었는지, 테러리스트였는지는 중요하지 않다. 살기 위해 필사적으로 죽은 척 하던 순간 그는 살고 싶은 한 인간에 불과하기 때문이다.

어떻게 그렇게 잔인할 수 있을까. 그러나 총을 쏜 병사도 그렇게 특별한 사람은 아닐 것이다. 그가 법정에 섰을 때 우리는 그의 선한 품성과 어려운 생계에 대해 듣게 될지도 모른다. 지난 번 아부그라이브 교도소에서 세계를 경악게 했던 포즈의 주인공 린다 잉글랜드 이병. 그는 시골 마을의 가난한 철도 노동자의 딸이었다. 고등학교를 졸업할 때는 우등 졸업자였고, 월마트에서는 모범직원으로 뽑히기도 했다. 미군에 입대한 것은 오로지 대학 진학금을 마련하기 위해서였다.

그렇다면 우리가 보고 있는 악마성의 정체는 무엇인가. 아렌트는 이렇게 말했다. 그들의 악행은 '생각하지 않음'에서 나온다. 악한 생각이나 악한 판단을 해서가 아니라, 생각이 없고 판단이 없기 때문에 그런 끔찍한 장면들을 연출하는 것이다. 그러나 생각하지 않고, 판단하지 않았다고 해서 전쟁터의 병사들을 누가 비난할 수 있겠는가. 가장 추악한 범죄자는 또한 가장 불쌍한 범죄자인 것을.

"불태워버려, 불태워버려, ××놈, 불태워버려." 무어의 「화씨 9/11」에서 보듯, 병사들은 온갖 저주를 담은 메탈 음악을 크게 틀어놓고 거기에 몰입하며 진격한다. 그 병사들 뒤에는 누가 있는가. 팔루자로 진격하던 해병대의 한 중령은 이렇게 말했다. "지난 다섯 달 동안 우리를 공격한 적은 악마들이며 그들은 팔루자에 살고 있다." 그리고 그 뒤에는 또 누가 있는가. 신앙과 이권을 접목시킨 대통령. 그는 세계에 자신들이 박멸해야 할 악이 존재한다고 외쳐댄다.

나는 눈감고 기도하는 자들을 경계한다. 그들은 현실을 보지 않고 헛것을 보기 때문이다. 팔루자부터 백악관, 아니 한반도를 포함해서 세계 곳곳의 전쟁광들은 사람들의 생각을 빼앗는 동시에 시선을 빼앗는다. 그들은 자신들이 싸우려는 자가 악마로 보일 때까지 눈감고 기도하라고 말한다. 그러면 사람들은 전쟁을 비디오게임이나 컴퓨터 오락으로 받아들이는 아이들만큼이나 헛것을 보게 된다.

이라크전이 터졌을 때 13세의 소녀 샬롯 알데브론은 눈을 뜨고 자신의 얼굴을 보라는 말로 반전 메시지를 전했다. "저를 한번 보세요. 찬찬히 오랫동안. 여러분이 이라크에 폭탄을 떨어뜨리는 걸 생각했을 때, 여러분 머릿속에는 바로 제 모습이 떠올라야 합니다. 저는 여러분이 죽이려는 바로 그 아이입니다. 이건 액션영화도, 공상영화도, 비디오게임도 아닙니다." 고개를 돌리거나 눈을 감아서는 안 된다. 우리를 놀라게 한 악마성이란 바로 그런 데서 나오기 때문이다.

전쟁광들은 겁쟁이들이 전쟁을 두려워한다고 말한다. 그러나 현실을 똑바로 볼 수 없는 겁쟁이들만이 전쟁으로 이권을 챙기는 사기꾼들에게 놀아난다. 테러에 대한 공포, 악에 대한 공포로 주눅 들었을 때 사람들은 전쟁에 빠져드는 것이다. 하지만 기억하자. 공포로 한없이 웅크러들 때 내 안에서 악마가 자라난다는 것을. 그리고 세상의 모든 파시스트들은 겁쟁이들이며, 겁쟁이들 속에서 자라난다는 것을.

한-일 반전인터내셔널을 구축하자

　　　　　　　　　겨울이 끝나면서 겨울연가도 끝났는가. 국민
들의 일본에 대한 적대 감정이 최악으로 치닫고 있다. '2005년 한·일
우정의 해'가 오려면 아직도 많은 시간이 필요한 것 같다. 여전히 많
은 한국인들이 식민의 유산을 흉터가 아닌 상처로 안고 있는 현실에
서, 일본 총리의 야스쿠니신사 참배나 역사교과서의 왜곡 기술을 남의
나라 일, 과거의 일로 간단히 치부할 수는 없을 것이다. 최근 독도 영
유권을 둘러싸고 한국에서 이토록 격렬한 반응이 일어난 것은, 식민의
아픈 기억이 독도를 통해서 환기될 뿐 아니라 정서적으로도 반복 체험
되기 때문일 것이다.

　　　문제를 어떻게 풀어야 할까. 답답함을 금할 길이 없다. 거의 모
든 정치세력들이 일본에 대한 강경책을 주문하고, 극렬한 반일 시위가
일본 대사관 주변에서 연일 계속되고 있다. 그러나 이런 식의 감정 표
출이 올바른 해결책이 아니라는 것은 누구나 알고 있다. 오히려 배타

적인 민족주의가 한국 사회의 유일한 이념처럼 급부상하는 현실은 일본 우익들의 활로를 열어준다는 점에서, 그리고 한국 사회의 다양한 문제와 목소리들을 뒤덮어버린다는 점에서 달갑지 않은 현상임이 분명하다.

식민 유산의 극복과 한·일 우호 증진을 위한 진보적인 대안은 없는 것일까. 적어도 한국의 우파들에게 기대를 거는 것은 불가능할 것 같다. 구체적 입장을 떠나 그들에겐 문제에 대한 권위 자체가 없다. 한국 우파의 주류는 식민시기에 다양한 이유를 들어 민족을 방기했고, 해방 후에도 민족보다는 반공을 우선시 했던 세력이다. 게다가 다른 나라가 아닌 일본의 지배를 받았다는 점에 감사할 정도로, 민족자존에 대한 자각이 없는 세력이다.

하지만 좌파라고 해서 어떤 적극적 비전을 내놓고 있는 건 아니다. 우파가 민족을 방기했기 때문에 무기력하다면 좌파는 민족을 떠안으면서 어떤 제약을 받고 있는 게 아닐까. 한국 좌파의 주류는 좌파의 전통 슬로건인 '인터내셔널리즘' 보다는 '내셔널리즘'에 훨씬 경도된 것으로 보인다. 민족을 뛰어넘는 진보적 운동에 대한 상상이 빈곤한 것은 그와 관련이 있을 것이다. 그러나 지금의 사태가 명확하게 보여주는 것은, 한국 좌파가 문제 해결을 위해 민족주의를 동원할수록 일본 우파에게 먹잇감이 던져진다는 사실이다.

어디서 해결책을 찾을 것인가. 나는 이 딜레마가 좌파의 전통적 지혜인 '인터내셔널리즘'을 통해서만 극복될 수 있다고 믿는다. 지금 대결이 필요한 것은 민족 대 민족, 국가 대 국가가 아니라 패권과 자유, 전쟁과 평화이다. 나는 군국주의자들에 반대하는 '반전평화 인터내셔널'의 구축을 통해서만 문제가 해결될 수 있다고, 그리고 해결되어야 한다고 믿는다. 더욱이 '북핵문제'를 계기로 위협적인 목소리를 내고 있는 미국과 일본의 강경세력들을 염두에 둘 때 이것이 정말로 시급하다고 생각한다.

냉철하게 다시 한번 자문해보자. 식민의 유산을 걷어내는 일은 어떻게 가능한가. 한·일 간의 우호란 무엇을 말하는가. 확실한 것은 비난과 적대를 통해서는 그 누구도 바꿀 수 없다는 사실이다. 오히려 지금은 일본을 비난할 때가 아니라 일본 민중들과 손을 잡을 때이다. 그들과 진정으로 친구가 될 때이다. 그래서 일본과 한국의 전쟁 세력, 군국주의 세력을 함께 몰아낼 수 있는 평화의 지렛대를 양국 민중들 속에 깊이 심어야 할 때이다.

나는 이렇게 믿고 있다. 아시아로부터 전쟁의 망상을 걷어내는 것, 아시아에 평화의 공동체를 세우는 것이야말로 우리를 식민지로 만들었던 일본 군국주의에 대한 가장 통쾌한 복수라고. 그리고 양국 민중들이 평화를 위한 강고한 동맹을 맺을 때, 그것이 어떤 사과보다도 진정한 사과이며, 어떤 청산보다도 진정한 청산일 것이라고.

알테브론의 호소

　미국의 이라크 침공이 임박했을 무렵, 메인 주의 커닝햄 중학교 다니던 13세의 샬롯 알데브론(Charlotte Aldebron)은 집회에서 다음과 같이 호소했다.

　사람들은 이라크에 폭탄을 떨어뜨린다고 하면, 군복을 입은 사담 후세인의 얼굴이나, 총을 들고 있는 검은 콧수염을 기른 군인들이나, 알라시드호텔 바닥에 '범죄자' 라는 글씨와 함께 새겨진 조지 부시 전 대통령의 얼굴을 떠올립니다.

　하지만 이걸 아세요? 이라크에 살고 있는 2천 4백만 명 중에서 절반이상이 15세 미만의 어린이들이라는 걸. 이라크에는 1천 2백만 명의 아이들이 살고 있습니다. 바로 저와 같은 아이들이요. 저는 열세 살이니까, 어떤 아이들은 저보다 나이가 좀 많을 수도 있고, 저보다 훨씬 어릴 수도 있고, 남자아이일 수도 있고, 저처럼 붉은 머리가 아니라 갈색 머리일 수도 있겠죠. 하지만 그 아이들은 바로 저와 너무나 비슷한 모습의 아이들입니다.

　저를 한번 보세요. 찬찬히 오랫동안. 여러분이 이라크에 폭탄을 떨어뜨리는 걸 생각했을 때, 여러분 머릿속에는 바로 제 모습이 떠올라야 합니다. 저는 여러분이 죽이려는 바로 그 아이입니다. 제가 운이 좋다면, 1991년 2월 16일 바그다드의 공습 대피소에 숨어 있다가 여러분이 떨어뜨린 '스마트' 폭탄에 살해당한 300명의 아이들처럼 그 자리에서 죽을 겁니다. 그날 공습으로 엄청난 불길이 치솟았고, 벽에 몰려 있던 아이들과 어머니들은 형체도 없이 타버렸습니다. 아마 여러분은 승리를 기념하기 위해서 돌더미에 붙어 있는 시커먼 살조각을 떼어낼 수 있을 겁니다.

하지만 제가 운이 없다면, 바로 이 순간 바그다드의 어린이 병원의 '죽음의 병실'에 있는 열네 살의 알리 파이잘처럼 천천히 죽게 될 겁니다. 알리는 걸프전에서 사용한 열화 우라늄탄 때문에 악성 림프종이라는 암에 걸렸습니다. 어쩌면 저는 18개월 된 무스타파처럼 '모래파리'라는 기생충이 장기를 갉아 먹는 병에 걸려서 손을 써볼 수도 없이, 그저 고통스럽게 죽어갈 겁니다. 믿기 어렵겠지만, 무스타파는 단돈 25달러밖에 안 되는 약만 있으면 완전히 나을 수도 있습니다. 하지만 여러분이 이라크에 취한 경제봉쇄 때문에 이라크에는 약이 없습니다.

아니면 저는 죽는 대신, 살만 모하메드처럼 겉으로는 보이지 않는 심리적 외상을 안고서 살아갈 수도 있습니다. 살만은 1991년 여러분이 이라크를 폭격했을 때 여동생과 함께 간신히 살아남았지만 아직도 그 공포에서 벗어나지 못하고 있습니다. 살만의 아버지는 온 가족을 한 방에서 함께 자게 했습니다. 모두 다 살든가, 아니면 같이 죽고 싶어서. 살만은 아직도 공습 사이렌이 울리는 악몽 속에서 살아가고 있습니다.

아니면 저는 걸프전이 벌어졌던 세 살 때 여러분의 손에 아버지를 잃은 알리처럼 고아가 될 겁니다. 알리는 3년간 매일같이 아버지 무덤에 덮인 먼지를 쓸어내리며 아버지를 찾았습니다. "아빠, 이제 괜찮아요. 이제 여기서 나오세요. 아빠를 여기에 가둔 사람들은 다 가버렸어요"라고. 하지만 알리는 틀렸어요. 아빠를 가둔 그 사람들이 다시 돌아올 것처럼 보이니까요.

아니면 전 걸프전이 벌어져서 학교에 가지 않아도 되고 늦게까지 밤을 샐 수 있다고 좋아했던 루아이 마예드처럼, 아무렇지도 않게 받아들일 수도 있을 겁니다. 하지만 루아이는 지금 학교에 갈 수 없어서 길에서 신문을 팔며 살아가고 있습니다.

이 아이들이 바로 여러분의 아이들이거나, 아니면 조카나 이웃집 아이들이라고 생각해보세요. 여러분의 아들이 사지가 절단되어서 고통 속에 몸부림치고 있는데도, 아들의 고통을 덜어줄 수도 없고 편안하게 해줄 수도 없이 그냥 무기력하기만 하다고 생각해보세요. 여러분의 딸이 무너진 건물의 돌더미에 깔려서 울부짖고 있는데, 구해줄 수 없다고 생각해보세요. 여러분의 아이들이 자기 눈 앞에서 여러분이 죽는 걸 보고 나서, 굶주린 채로 혼자서 이 거리 저 거리를 떠돌아다닌다고 생각해보세요.

이건 액션영화도 아니고, 공상영화도 아니고, 비디오게임도 아닙니다. 바로 이라크의 아이들이 처한 현실입니다. 최근에 한 국제 조사단이 전쟁이 벌어질 가능성이 있는 지금, 아이들이 어떤 영향을 받고 있는지 알아보기 위해서 이라크를 방문했습니다. 조사단이 만나본 아이들 중 절반이 자신은 이제 더 이상 살 필요가 없다고 말했습니다. 아주 어린 아이들까지도 전쟁이 뭔지 알고 있고 전쟁을 두려워하고 있습니다. 다섯 살짜리 아셈에게 전쟁이 뭐냐고 물었더니, 아셈은 전쟁이 "총과 폭탄에 날씨는 춥거나 덥고, 우리가 불에 타게 되는 것"이라고 말했습니다. 열 살 먹은 아에사는 부시 대통령에게 이렇게 전해달라고 말했습니다. "이라크의 수많은 아이들이 죽을 거예요. 당신이 TV에서 아이들이 죽는 걸 보게 되면 후회할 거예요."

저는 초등학교에 다닐 때 다른 아이들과 문제가 생기면 때리거나 욕을 하지 말고, 대신에 '나'라는 단어를 사용해서 대화를 하라고 배웠습니다. '나'라는 단어를 사용해서 대화를 하게 되면, 상대방이 한 행동 때문에 자신이 어떤 기분이 들었는지 상대방이 이해할 수 있기 때문에, 그 사람이 제 기분을 이해하게 되면서 하던 행동을 멈출 수 있습니다.

저는 지금 여러분에게 그게 '나'라고 생각해보라고 말하고 싶습니다. 그러면 '나'는 '우리'가 될 수도 있습니다. 이라크에 사는 모든 아이들처럼, '우리'는 지금 뭔가 끔찍한 일이 벌어지는 걸 속수무책으로 기다리고 있습니다. 세계의 다른 아이들처럼, '우리'는 아무것도 결정할 수 없고, 그 모든 결과 때문에 고통받아야 합니다.

지금 '우리'의 목소리는 너무 작고, 또 너무 멀리 떨어져 있어서 사람들에게 들리지 않고 있습니다. 우리는 우리가 언제 죽을지 모를 때 두렵습니다. 우리는 사람들이 우리를 죽이려 하거나 다치게 하거나 미래를 훔치려 할 때 화가 납니다. 우리는 내일도 엄마와 아빠가 살아 있기만을 바랄 때 슬퍼집니다. 그리고 마지막으로, 우리는 우리가 뭘 잘못했는지 모를 때 혼란스럽습니다.

적이 없는 전쟁

  칼 슈미트(Carl Schmitt). 그는 '테러와의 전쟁' 이후 세계질서의 변동을 이야기할 때 심심치 않게 참조되는 사상가들 중 한 사람이다. 2002년 12월, 프랑스 신문 『르몽드』에 따르면 "그는 오늘날 거의 모든 분야의 사상가들에게 읽히고 논평되는 사람"이다. 그는 나치 체제의 법적 토대를 제공한 헌법학자로 많이 알려져 있다. 그래서 정치철학자들 중에는 슈미트가 광범위하게 읽히는 사태 자체를 우려하는 사람들도 있다.

  그러나 '위험하다'는 말로 반박되는 사상은 하나도 없다. 오히려 '위험하다'는 건 그 안에 무언가 생각해볼 만한 게 있다는 표식이 아닐까. 철학자 발리바르는 슈미트에 대해 이렇게 평했다. "그는 극우 사상가들 중 가장 명석합니다. 그래서 가장 위험한 사람이지요." 위험하지만 명석하다는 것. 극우주의자이지만, 아니 제대로 된(!) 극우주의자이기 때문에, 우리가 대결하지 않으면 안 되는 어떤 사상의 핵심을 보존하고 있다는 것. 그것이 좌파들조차 슈미트를 읽고 논평하는 이유이다.

특히 '전쟁'과 '적'에 대한 슈미트의 생각은 바로 지금 우리 앞에서 일어나고 있는 전쟁을 이해하는 데 많은 도움을 준다. 그의 정치철학에서 '적'은 '정치적인 것'(the political)을 정의하는 열쇳말이라 할 수 있다. "도덕적인 것이 선한 것과 악한 것을 구별하는 문제이고, 미적인 것이 아름다운 것과 추한 것을 구별하는 문제라면, 정치적인 것이란 무엇을 말하는가. 그것은 적과 동지를 구별하는 것이다."(『정치적인 것의 개념』)

적과 동지의 구별. 정치에 대한 참으로 싸늘한 정의이긴 하지만 물리치는 게 쉽지 않은 대목이 확실히 있다. 슈미트에 따르면 '정치적인 것'이란 중대한 사태에 처했을 때 궁극적으로 누구와 손잡고 누구와 대결할 것인가의 문제이다. 정치적 권리란 그런 중대사태, 비상사태에 대한 결정권이라 할 수 있다. 정치적 권리를 가진 자는 자신의 결정으로 적을 규정하고, 그 적과 전쟁을 벌일 수 있다. 여기서 전쟁의 실재 발발 여부는 중요치 않다. 전쟁은 발발 가능성만으로도 족하다. 그 가능성에 기초해서 우리는 자신이 속한 결사체에 최고의 권리를 부여하고, 사고와 행동의 제약을 수용한다.

가령 시민권 제약에 큰 거부감을 가진 미국 시민들이 '단지 테러리스트로 의심된다는 이유만으로 무기한의 구금과 광범위한 도청을 허용하는' '애국자법'(Patriot Act) 같은 것을 용인하는 것은, 현실 가능성으로 존재하는 테러 때문이다. 미국 정부는 비상사태의 가능성이 존재한다는 이유만으로 법을 넘어설 권리를 법으로 보장받는다. 우리는 이것이 '9·11 테러'라는 예외적 사건 때문이라고 생각하기 쉽지만, 슈미트에 따르면 국가가 가진 최고 권리들은 모두 이런 비상사태의 가능성 속에서 만들어졌다. 법의 최종심급에는 항상 비상사태, 예외상태가 놓여 있다. 그래서 그는 이렇게 말한다. "규칙이 만들어진 것은 예외 때문이다."

최고의 정치결사체인 국가가 교전권(jus belli)을 갖는 것은 당연하다. 교전권이란 사실상의 주권을 의미하기 때문이다. 국가는 자국민에 대해서는 죽을 각오, 죽일 각오를 요구하며, 적에 대해서는 죽일 수 있다는 메시지를 던진다. 평상시에 그 메시지는 아주 흐릿할지 모른다. 하지만 상황이 급박해질수록 그것은 더욱 선명해진다. 이런 점에서 국제정치란 다양한 강도의 전쟁 행위라고 할 수 있다. 주권 국가들은 생사가 달린 적과 동지의 편 가르기에 열중한다.

슈미트가 너무 전쟁의 시각에서 정치를 보는 건 아닐까. 그러나 그는 이렇게 말한다. "국제분쟁의 해결수단으로서 전쟁을 단죄하고, 국제정책 수단으로서 전쟁을 포기한다고 선언할 수는 있다. 그러나 그것으로 전쟁 자체를 단죄하거나 추방할 수 있는 건 아니다." 그는 오히려 '정의'의 이름으로 전쟁을 단죄하려는 자들이, '정의'를 전쟁 목적에 사용하는 것을 경고했다. 전쟁에 대한 더 무서운 요구는 '적을 적으로서 인정하지 않는 자'들, 자신에 대한 어떤 전쟁도 용납하지 않겠다는 자들로부터 나올 수 있다.

지금 벌어지고 있는 '테러와의 전쟁'이 그런 전쟁이 아닐까. 슈미트는 '적'에 대한 규정이 '동지'에 대한 규정과 대등한 것임을 강조한 바 있다. 적은 나와 대등한 자이다. 더욱이 국가가 국민 전체의 이름으로 수행하는 전쟁에서 적은 사적이지 않고 공적이다. 사적으로는 아무런 유감을 갖지 않을지라도 국가의 정치적 행위 속에서 한 나라의 국민은 다른 나라 국민의 적이 될 수 있다. 그런데 이런 적의 개념이 미국이 벌이고 있는 최근의 전쟁 속에서는 철저히 부정되고 있다.

미국은 자신의 '적'을 대등한 '적'으로 인정치 않고 '불량배'(rogue)라고 부른다. 아프가니스탄, 이라크, 이란, 북한에 이르기까지, 교전권을 가진 엄연한 주권국가들을 '테러리스트', '사기꾼', '불량배'로 다루는 것. 그것은 전통적 의미에서 적국을 규정하는 방식과는 많이 다른 것이다. 테러리스트 은닉[아프가니스탄의 경우], 대량살상무기 개발 의혹[이라크, 이란, 북한], 화폐위조와 인권침해[북한] 등 그 명분들도 국가 간 교전보다는 경찰의 범인 체포 이유에 가깝다.

미군 기지에 잡혀 있는 아프가니스탄과 이라크 포로들을 봐도 그렇다. 포로들은 제네바 협약에 따른 대우를 받지 못하고 있다. 테러리스트일 뿐 적이 아니기 때문이다. 그런데 그들은 미국법의 규정도 받지 않는다. 미국의 애국자법에 따르면 테러 용의자들은 7일 이내에 기소되거나 추방되어야 한다. 국제법에도 국내법에도 미국이 관타나모 기지 같은 곳에서 벌이는 일의 근거는 없다. 세상 어떤 법에도 규정되지 않은 행위를 하고 있는 것이다.

세계의 예외국가인 미국은 지금 세계적 수준에서 예외상태, 비상사태의 결정권을 쥐고 있다. 학자들 사이에서 지구 주권의 출현에 대한 언급이 나오는 것은 그 때문이다. 미국은 '적'의 존재 근거를 인정치 않기 때문에, 어찌 보면 "친구와 적을 가른다"는 슈미트적 의미에서의 정치행위를 하지 않는지 모른다. 그러나 슈미트는 그것이야말로 잔인한 정치행위일 수 있다고 지적했다. "만약 어떤 국가가 인류의 이름으로 전쟁을 벌인다면, 또 평화나 정의, 문명 등을 자기 것으로 하고 적으로부터는 그 모든 것을 박탈한다면, 그 국가는 사람들을 기만하는 것이다. …… 그것은 적으로부터 인간의 속성을 박탈하고, …… 전쟁을 극단적으로 비인도적인 것으로 몰고 가려는 무서운 요구를 드러낸 것이다." 아, 정말이지 우리는 지금 '적'이 존재할 수 없는 무서운 '전쟁' 속에 내던져진 건 아닐까.

터러리스트와 바이러스

1.

오래 전부터 정치학은 의학으로부터 많은 영
감을 얻어왔다. 질병을 다스리고 건강을 유지하기 위한 의학적 처방들
은 사회를 관리하기 위한 정치적 처방들로 자주 응용되었다. 통치자들
은 체제를 위협하는 세력들을 건강을 위협하는 질병처럼 대했다. 그래
서인지 의학적 체제(특히 섭생법이 포함된 체계)를 뜻하는 'regimen'
이라는 말과 정치 체제를 뜻하는 'regime' 이라는 말의 어원이 같다는
것은 자연스러워 보인다.

그런데 오늘날의 정치는 의학이나 생물학 등 이른바 생명과학에
대해 과거와는 다른 관계를 맺고 있는 것 같다. 그것은 생명과학으로
부터 비유나 영감 이상의 것을 얻어오고 있다. 아니, 무언가를 얻어온
다기보다, 아예 정치학 자체가 하나의 생명과학으로 변화하고 있다.
정치학은 여타의 생명과학만큼이나 이제 '생명' 을 핵심 주제로 삼고
있다.

이런 변화를 일찌감치 감지한 사람은 푸코였다(『"사회를 보호해야 한다"』). 그는 근대(19세기 이후)의 정치가 고전주의 시기(17~18세기)의 정치와 갈라지는 지점을 '생명에 대한 관심'에서 찾았다. "19세기 이후 생물학의 국유화라고 부를 수 있는 새로운 현상이 나타났으며," 그것을 그는 '생명정치'라고 불렀다.

특히 그는 '생사여탈권'의 의미 변화를 통해 이 점을 설득력 있게 제시했다. 고전적 주권이론에 따르면 군주는 신민에 대한 '생사여탈권'을 가지고 있다. 그런데 고전주의 시기 군주가 행사한 생사여탈권은 '살리기'보다는 '죽이기' 쪽에 방점이 있었다. 한마디로 "죽게 만들고 살게 내버려두는 권리"였던 것이다. 그런데 19세기 이후 생사여탈권의 의미는 달라졌다. 생사여탈권을 '삶'과 '죽음'을 가르는 권리라 할 때, 근대의 권력은 그것을 '죽음'이 아닌 '삶'으로써 갈랐다. 즉 "살게 만들고 죽게 내버려두는 권리"가 된 것이다. '죽음'은 여전히 우리 곁에 있지만 그것은 권력의 '관심'이 아닌 '무관심'과 '방치' 속에 있다. 즉 권력이 적극적으로 챙기지 않은 곳에 죽음이 존재하는 것이다.

권력의 관심이 생명에 쏠리면서, 생명을 가진 신체의 성격도 변화했다. 고전주의 시기에 군주가 빼앗은 생명은 개별 인간의 것이었다. 그러나 근대의 권력이 보살피고자 하는 생명은 인구(population)의 것이다. 국가는 개인의 출생과 사망이 아니라 전체 인구의 출산율과 사망률, 평균수명에 관심을 갖는다. 그리고 외부에서 급습하는 전염병(epidemic)이 아니라 자국민이 안고 살아가는 풍토병(endemic)

에 관심을 갖는다. 좋은 정치란 집단적 신체로서 인구가 겪는 통계적 위험을 잘 관리해서 삶의 질을 높이는 것이다. 20세기 초의 복지국가는 이러한 '생명정치'의 대표적 산물이라고 할 수 있다.

하지만 누구나 알고 있듯이 20세기 초에 출현한 것은 복지국가 만이 아니었다. 아우슈비츠 또한 그때 태어났다. 어떻게 그런 일이 일어났을까. 인구의 생명과 건강에 관심을 둔 권력이 어떻게 잔인한 학살에 관여할 수 있을까. 푸코는 학살이 '죽음'이 아닌 '생명'을 위해 벌어질 수 있음을 보여주었다. 생명에 책임을 지고 있는 권력이 생명을 위해 어떤 '단절'을 도입할 때 학살이 일어난다. 권력은 전체 인구의 생명을 위해 '살아야 하는 것'과 '죽어야 하는 것'을 구분한다. 가령 20세기 초, 국가 인종주의에 의해 자행된 학살은 전쟁터에서 만난 두 병사처럼 '너를 죽여야 내가 산다'는 식으로 이루어지지 않았다. 그것은 나쁜 유전자, 나쁜 인종을 정리하는 것이 전체 인구의 건강을 위해서, 무엇보다도 인구의 건강한 재생산을 위해서 필요하다는 판단에서 이루어졌다.

2.

내가 이처럼 푸코를 길게 인용한 것은 최근의 일들 속에서 그가 말한 '생명정치'를 새롭게 발견하고 있기 때문이다. 나는 푸코의 주장이 오늘날에도, 아니 오늘날에 더 유의미하다고 생각한다. 최근 인구(population)의 안전(security)과 건강한 재생산은 과거 어느 때보다도 중요한 정치적 과제가 되었으며, 위험 요소에 대한 관리는 '예방적 선

제공격'(prevent strike)이라는 말이 있을 정도로 적극적으로 이루어지고 있다.

그러나 오늘날 생명정치는 푸코가 생각한 것보다 훨씬 큰 규모로 작동하고 있다. 권력의 보살핌 대상이 되는 '인구'는 더 이상 '국민'으로 한정되지 않으며, 생명을 위협하는 요소도 특정 영토에 한정되지 않는다. 풍토병(endemic)은 변형되고 탈영토화되어 범유행병(pandemic)으로 세계 곳곳에 퍼져 나가고 있다. 생명정치는 사실상 지구적이다.

'테러와의 전쟁'은 생명정치가 지구적 수준에서 어떻게 작동하는지를 잘 보여주고 있다. 이 전쟁은 국가 간 전쟁이라기보다는 지구적 불안요소를 제거하려는 초국적 치안활동으로 보인다. 테러와의 전쟁이 적으로 삼고 있는 것은 국가가 아니다. 적국은 없으며, 오직 테러리스트와 테러리스트의 기지, 테러리스트를 후원하는 세력이 있을 뿐이다.

미국 정부가 2006년 9월에 펴낸 보고서 「테러와의 전쟁을 위한 국가 전략」(National Strategy for Combating Terrorism)은 테러와의 전쟁이 갖는 비전을 이렇게 제시하고 있다. "우리 삶(life)의 방식——자유롭고 개방된 사회——을 위협하는 폭력적 테러리즘을 물리치는 것, 그리고 폭력적 극단주의자들과 그 지원세력에 적대적인 지구 환경을 만드는 것." 전체 인구의 삶을 관리하고, 그에 필요한 환경을 조성하는 것. 이것이 바로 생명정치다. 실제로 미국 정부는 테러와의 전쟁이 생명의 권리를 위한 것임을 분명히 하고 있다. 보고서의 표현을 빌리자면 테러와의 전쟁은 "무차별적 폭력의 두려움 없이 사람들이 살아갈 수 있는 권리"를 위한 것이다.

그런데 생명을 지키기 위해 권력은 더 많은 힘의 필요성을 느낀다. 생명 보호를 명분으로 생명권력은 자신을 끊임없이 증식시킨다. 9·11 이후 만들어진 미국의 국토안보부는 국경경비·재난대비·정보분석 업무는 물론이고, 세관·이민귀환국·비밀경찰국·연방비상계획처 등 온갖 조직을 흡수하고, 교통안전부·사이버 보안전략 총괄기관 등의 새로운 조직을 포함시켜 정부 내 최대 조직이 되었다. 국토안보부는 테러와 관련된 거의 무제한적 조사권을 가지고 있다. 그 중 많은 것들이 인권 침해 논란을 일으키고 있지만, 인구의 안전한 관리라는 명분이 그것들을 덮어버리고 있다.

그럼에도 2006년 발간된 보고서인 「9·11 5년 후 : 성공과 도전」 (9/11 Five Years Later: Successes and Challenges)을 보면 생명권력은 여전히 자신에게 더 많은 권력이 부여되어야 한다고 믿는 것 같다. 이 보고서에 따르면 테러리스트들은 더욱 탈중심화되어 세계 곳곳에서 출몰하고 있고, 대량살상무기를 통해 재앙 수준의 공격을 해올 가능성이 있으며, 인터넷과 미디어를 지능적으로 이용해서 서로 소통하고 새롭게 인원을 충원하고 있다고 한다. 게다가 직접적인 소통 없이도 자기 이데올로기를 설파할 수 있고, 일반인들을 테러리스트로 변신시킬 수 있는 다양한 매체를 활용한다고 한다. 과연 이 모든 것에 대처할 수 있으려면 생명권력은 얼마나 더 커져야 하는 것일까.

3.

현재 벌어지고 있는 또 하나의 전쟁인 '바이러스와의 전쟁' 역시 지구적 수준에서 생명정치의 작동을 잘 보여주고 있다. 어쩌면 바이러스는 테러리스트보다 인구의 안전한 관리에 더 치명적일지 모른다. 에이즈(AIDS), 사스(SARS), 조류독감(avian flu) 등 종(種)의 경계를 뛰어넘는 감염력을 보이고 있는 바이러스들은 인간 종(種)에 대한 크나큰 위협이 되고 있다. 이들은 보통 역전사 효소(reverse transcriptase)를 가진 RNA 바이러스들로서 리트로바이러스(retrovirus)라고 불린다. 이들 바이러스의 복제 과정은 DNA 바이러스에 비해 매우 불안정해서 수많은 변형들을 낳는다. 게다가 이것들은 숙주 세포의 DNA에 들락거리면서 그것을 변형시키기도 하고 이동시키기도 한다.

그런데 이들 바이러스와의 전쟁은 여러 모로 테러와의 전쟁과 닮았다. 가령 조류독감의 경우 문제가 된 H5N1은 철새 등 야생조류와는 별 문제 없이 공생하던 바이러스다. 그런데 다른 동물로 옮겨지면서 변형과 복제가 일어났고 숙주가 된 동물은 치명적 병을 앓게 되었다. 현재 정확한 감염 경로가 밝혀진 것은 아니지만, 야생조류의 배설물로부터 그것을 먹은 가금류로 옮겨졌고 결국에 사람에게까지 퍼진 것으로 추측된다.

유럽의 나라들은 조류 독감이 발생한 남아시아 지역에서 날아오는 철새들의 움직임을 파악하는 데 온갖 노력을 하고 있다. 유엔 농업식량기구는 아마추어 탐조가(探鳥家)들을 레이다로 이용하고, 농부들을 바이러스 조기경보시스템에 포함시켜야 한다고 주장하고 있다. 야생조류에 원격 인식장치를 달아 인공위성으로 감시하는 시스템을 구축하자는 주장도 있다. EU와 미국, 일본 등은 개발도상국에 감시 장비를 제공하기 위해 기금을 조성하고 있다. 어느 한 곳만 뚫려도 바이러스에 대한 지구적 안보 체제가 와해될 수 있기 때문이다. 철새들의 움직임을 추적하고 그것을 관리하는 지구적 시스템은 미국이 지구적 수준에서 건설하고자 하는 '미사일방어체제'(MD)를 떠올리게 한다.

실제로 미국의 「국가안보전략」 보고서는 테러리즘과 바이러스 모두를 국경을 넘나드는 심각한 위험 요소로 간주하고 있다. 사실 테러리스트와 바이러스에 대한 대처 방안이 닮았다고 말하는 것은 불충분하다. 두 가지는 닮은 게 아니라, 똑같은 생명정치 모델을 보여주고 있기 때문이다. 테러리스트와 바이러스는 국경을 넘나드는 여러 신체들, 즉 이주민, 철새, 이메일, 전파 등에 포함될 수 있는 치명적 위험 요소를 나타낼 뿐이다. 생명권력으로서는, 미국의 '국토안보부'가 그렇듯이, 인구의 안전한 관리를 위해 이 모든 위험 요소들을 동시에 다룰 수밖에 없다.

4.

최근에는 아예 테러리스트를 바이러스로 다루자는 주장도 나오고 있다. 2005년 8월 『워싱턴포스트』지에는 테러리즘을 전염병의 시각에서 접근하는 것이 필요하다는 의견이 실렸다. 그 글의 저자들은 테러리스트를 바이러스로 간주했을 때 효과적인 대처 방안이 발견될 수 있다고 말한다. 감염체의 본성이 무엇인지, 전달체는 무엇인지(이

슬람 사원, 감옥, 인터넷, 위성TV 등등), 면역이 약한 사람은 누구인지 등등. 이런 질문들은 테러와 관련하여 국가가 어디의 누구에게 어떤 조치를 취해야 하는지를 보여준다는 것이다.

이들에 따르면 이런 식의 접근법은 또한 테러리즘을 테러리스트 개인이 아닌 인구관리의 문제로 접근할 수 있게 해준다. 전염병이 병원체와 사람, 환경의 상호작용인 것처럼 테러리즘도 인구와 환경을 통해 이해해야 한다는 것이다. 뿐만 아니라 테러에 가담한 적이 없는 사람들의 경우에도 테러리즘 오염 가능성이 높은 국가에서 왔을 때는 따로 관리되어야 한다고 말한다. 그래서 그들이 바이러스의 운반체가 되는 것을 막아야 한다는 것이다. 그리고 특별히 면역력이 떨어지는 지역은 이데올로기적·정치적·경제적 환경을 개선시켜 주는 일이 테러리즘 예방의 차원에서 필요하다고 말한다.

사실 이런 조치들은 미국 정부가 상당 부분 실행하고 있는 것들이다. 「테러와의 전쟁을 위한 국가전략」을 보면, 미국 정부는 테러리스트에게 흘러갈 우려가 있는 모든 자원들을 철저히 봉쇄하고 있다. 그리고 테러리스트의 이동을 통제하기 위해 신분 증명 절차를 강화하고 국경 통제 절차를 더 엄격하게 하고 있다. 뿐만 아니라 대테러 정책 전문가들과 지역·종교·언어 연구자들을 양성해서 정치적 차원은 물론이고 이데올로기적 차원에서도 테러와의 전쟁을 벌이고 있다.

그러나 이 조치들이 얼마나 성공적일지는 의문이다. 미국이 완전히 장악한 것으로 보였던 이라크와 아프가니스탄은 테러리스트들의 양성소가 되고 있고, 국제 테러리즘 역시 좀처럼 감소 기미를 보이지 않고 있다. 테러리스트가 정말 바이러스라면 미국이 이 전쟁에서 승리할 가망은 없어 보인다. 1999년 뉴욕의 동물원에서 새들이 집단 괴사하고 폐렴 환자들이 다수 발생했는데, 그 원인은 화물기를 타고 온 모기가 운반한 바이러스였다. 바이러스를 통제하는 것은 사실상 불가능하다. 바이러스들은 호텔이나 공항, 병원을 오가는 사람과 사물들을 통해 세계 곳곳으로 퍼져 나가고 있다. 테러리즘도 마찬가지다. 조직의 직접적 연계가 없어도 테러리즘은 어디서든 생겨날 수 있고 전염될 수 있다.

문제를 해결할 수 있는 것은 더 강한 조직, 더 엄격한 통제가 아니다. 개개의 테러리스트들을 가두고, 테러리스트가 속한 문화나 종교를 소독한다고 해도, 온갖 형태로 변형되는 테러리즘을 막을 수는 없다. 오히려 지금 벌어지고 있는 테러와의 전쟁이 바이러스의 변형과 전염을 돕고 있는 것은 아닌지 생각해볼 때가 되었다. 이제 테러리즘만이 아니라 테러와의 전쟁을 통해 자기 지배력을 확대해온, 어떤 면에서는 테러리즘과 함께 성장해온 생명권력에 대해서도 다시 생각할 때가 되었다. 이로움과 해로움을 판단하기 힘든 온갖 신체들이 넘쳐나는 세계에서, 생명권력은 우리에게 항상 최대 권력을 달라고 요구할 것이다. 그러나 테러리즘에 대해 생명권력과는 다른 선택지를 창안해 내지 못한다면 우리는 우리를 '살게 하는' 권력 아래서 숨죽인 채 서서히 죽어갈 것이다.

테러리스트는 상상의 존재다

9·11 이후 미국이 벌이고 있는 '테러와의 전쟁'은 미국 자신을 이상한 나라로 바꾸어놓았다. 지난 시절 한국인들이 앓았던 반공 히스테리가 미국 사회에서 테러 히스테리로 재현된 것 같다. 미국이 얼마나 히스테릭한 사회로 변했는지를 보여주는 상징적 사건이 2006년 11월에 있었다.

여섯 명의 미국 무슬림 지도자들이 유에스 에어웨이(US Airways) 소속 비행기 안에 있다가 경찰에 의해 끌려나왔다. 경찰은 많은 승객들이 보는 가운데서 이들에게 수갑을 채웠고, 이후 몇 시간 동안 심문했다. 해당 항공사는 이들의 테러리스트 혐의가 완전히 벗겨진 후에도 진정한 사과는커녕 자신들의 행위가 불가피했음을 강변했고, 이들에게 항공권을 제공하는 것을 끝까지 거부했다.

두려움에 떠는 사람들, 의심스런 눈으로 주변을 살피는 사람들은 아무리 사소한 표시도, 동료 시민들을 간첩이나 테러리스트로 모는 확실한 증거물로 간주하게 된다. 지금 미국 사회에서 테러리스트는 현실의 존재이기 이전에 상상의 존재이다. 우리에게도 그렇지만.

아래 내용은 미국 독립 뉴스 네트워크인 "DEMOCRACY NOW!"에서 진행자 에이미 굿맨(Amy Goodman)과 당사자였던 두 명의 무슬림 지도자, 오마르 샤힌(Omar Shahin)과 아흐마드 시케이라(Ahmad Shqeirat)가 나눈 인터뷰의 일부다.(http://www.democracynow.org/article.pl?sid=06/11/29/1436216)

에이미 도대체 무슨 일이 일어난 겁니까? 당신들은 미네소타에서 개최된 이맘(이슬람교단의 지도자) 컨퍼런스에 참여한 후 공항에 갔던 거죠?

샤 힌 11월 20일, 월요일에 컨퍼런스가 끝났습니다. 그것은 북미이맘연합(North American Imams Federation)의 컨퍼런스로, 어떻게 무슬림과 무슬림 아닌 사람들 사이에 다리를 놓을 것인지, 어떻게 열린 마음을 지닌 이맘이 될 것인지를 논하기 위한 것이었습니다. 국회의원인 키스 엘리슨(Keith Allison)도 참석했구요. 어떻든 우리는 컨퍼런스가 열린 호텔을 떠나 공항에 갔고, 누구나 그렇듯이, 거기서 탑승권을 받았습니다. 항공사에서는 제가 엘리트 멤버(중요 고객)이었기 때문에 퍼스트클래스를 제공했습니다.

에이미 당신은 (심지어) 유에스 에어웨이의 엘리트 멤버였군요.

샤 힌 네. 우리는 보안 검색대를 별 문제없이 통과했고, 대기실로 가서 탑승을 기다리고 있었습니다. 그런데 그때가 일몰 시간, 바로 무슬림들의 기도 시간이었습니다. 우리 무슬림들은 하루에 다섯 번 기도를 합니다. 우리는 괜한 오해를 피하기 위해 여섯 중 셋만 기도하기로 했고, 아주 조용한 구석을 골랐습니다. 그리고 아주 낮은 목소리로 기도를 올렸죠. 그리고는 탑승을 기다린 후, 비행기에 개별적으로, 함께가 아니라 개별적으로 탑승했습니다. 나는 퍼스트클래스에 앉았습니다. 그들은 이것도 의심스런 요인이었다고 합디다만 …… 어쨌든 한참을 앉아 있는데도 비행기는 이륙하지 않았고, 나는 다른 이맘인 마르완 샤데딘(Marwan Sadeddin)에게 갔습니다. 사람들이 두번째 의심스런 행동으로 찍은 대목이지요. 그는 맹인입니다. 나는 그에게 내 좌석을 양보하고자 했습니다. 눈도 보이지 않는 데다 아주 나이가 많으신 분이었거든요. 하지만 그는 정중히 사양했고, 그래서 나는 내 자리로 돌아왔습니다. 그게 문제라고는 생각지도 않았습니다. 조금 뒤에 경찰이 나타났다 사라지더니 더 많은 경찰들이 몰려와서는 이맘들을 자리에서 일으켜 세워 끌고 갔습니다.

에이미 경찰이 뭐라고 하던가요?

샤   힌 그들은 아무 말도 하지 않았습니다. …… 우리는 경찰 명령에 순응했습니다. 완전히 협력했지요. 문제가 악화되는 것을 바라지 않았습니다. 그들은 우리를 승강 통로로 끌고 가더니 45분간 서 있게 했습니다. 그리고는 "아무 말도, 아무 동작도 하지 말고, 전화를 걸어서도 받아서도 안 된다"고 했습니다. 내가 "한마디만 하게 해달라"고 했습니다. 나는 그들에게 FBI와 미네소타의 경찰에 우리가 이번 컨퍼런스에 참가한 사람들이며 함께 움직이는 것이 전혀 수상한 행동이 아님을 밝힐 수 있게 해달라고 했습니다. 그랬더니 경찰이 이렇게 말하더군요. "계속 그렇게 말한다면 구속하겠다."

(중략)

에이미 어제 『워싱턴 타임즈』에 실린 기사에 대한 생각을 묻고 싶군요. 기사 제목이 이렇게 되어 있었는데요. "어떻게 이맘들이 한 여객기를 공포로 몰아넣었나." …… 그리고는 당사자를 밝히지 않는 인터뷰를 따서 이렇게 말하고 있습니다. "승객들과 항공 관계자들은 수사관들에게 이맘들이 9·11의 테러리스트들과 유사한 방식으로 자리를 바꿨다고 말했다. 9·11 때 테러리스트들 중 두 명은 퍼스트클래스에, 두 명은 통로 쪽 중간 자리에, 두 명은 객식 후미에 앉아 있었는데, 자리 배치도 비슷했다고 한다."

샤   힌 그건 정말 말도 안 됩니다. 퍼스트클래스에 앉은 것은 나 혼자뿐이었고, 우리는 (우리가 택한 자리가 아닌) 항공사가 지정해준 자리에 앉았을 뿐입니다. 딱 한 사람만 빼고요. 그 앞을 볼 수 없어 도움이 필요했던 나이든 이맘 말입니다.

에이미 그들은 당신들이 좌석벨트를 더 길게 해달라고 말했던 것도 문제삼던데요.

샤　힌 솔직히 말해 이게 제 마음을 가장 아프게 한 겁니다. 나는 단지 더 길게 해달라고 말했을 뿐입니다. 당신도 알다시피, 나는 이런 행동에 대해 설명할 필요가 없습니다. 단지 나는 더 긴 벨트가 필요했을 뿐이니까요. …… 필요한 것을 요구하는 것뿐인데 왜 내가 설명해야 합니까? 나도 그렇고 그걸 요구했던 마르완 샤데딘도 나처럼 덩치가 큰 사람입니다. 우리는 길이 연장용 벨트가 필요했고, 옆에 있던 승객이 버클을 채우는 것을 도와주기도 했습니다.

(중략)

샤　힌 안보(안전)는 이 나라에 사는 우리들의 관심사이기도 합니다. 우리가 바로 미국인이기 때문이죠. 우리는 이 나라의 안보를 진심으로 걱정합니다. 그리고 개인적으로 말하자면 나는 내 자신과 내가 속한 공동체 사람들에게 의심스러운 행동에 대해서는 신고하라고 말합니다. 하지만 여기서 '의심스럽다'는 것은 합법적이고, 논리적인 의심이어야지, 상상이나 과장, 잘못된 추론이어서는 안 된다는 겁니다. 지금의 신고는 완전히 상상에 기초한 겁니다.

고추장의 돈 없이 살 궁리

　　"뭐하고 지내냐." 오래간만에 만난 사람이면 어김없이 그렇게 묻는다. 반쯤은 인사 삼아 반쯤은 직업이 궁금해서 던지는 말인데, 별 것도 아닌 이 말 때문에 곤혹스러웠던 적이 한두 번이 아니다. 다른 사람들처럼 직업을 밝히면 좋으련만 그런 건 없고, 그렇다고 백수로 놀고 있는 것도 아닌데. 지금 내가 하는 활동(연구공간 수유+너머)을 어찌 말해야 할까. 간단한 인사말에 대고 장황한 설명을 덧붙일 수도 없는 노릇이니 대답이 쉽지 않다.

　　"제도권 바깥에서 연구 코뮌 어쩌고 저쩌고……." 이런 식으로 말하면 상황은 대개 더 악화된다. '제도권' '연구' '코뮌' …… 설명해야 할 말만 계속 늘어놓는 꼴이다. 그래서 사람을 봐가며 대충 때운다는 게 이런 식이다. "시간강사 해요."(어쩌다 한 번 하는 시간강사. 지금은 이제 그것도 그만 뒀는데.) "시민단체에 있어요."(우리가 시민들인 건 맞지만 한 번도 시민운동 한다고 생각해본 적 없다.) "그냥 놀아요."(극히 드문 경우지만 내 소득에 관심 갖는 사람들에게.)

〈연구공간 수유+너머〉를 우리끼리는 '연구실'이라고 부른다. 그래서 동료들 중에는 직함을 밝힐 때 연구원이라고 말하는 사람들이 많다. 연구원이 '연구하는 사람'이라는 뜻이라면 그 직함이 틀린 건 아니다. 책 읽고 토론하고 글 쓰고 강의하는 것이 일상이니 우리도 틀림없는 연구원들이다. 하지만 연구원이라는 말이 '연구를 직업으로 하는 사람'이란 뜻이라면 조금 복잡하다. 우리 연구실은 밥도 함께 지어먹는 생활공동체이기도 한 탓에 생계도 여기서 해결하기는 하지만 월급 같은 걸 받지는 않는다. 오히려 매달 일정한 돈을 내고 다닌다. 이런 걸 직업이라고 말할 수는 없을 것이다.

가까운 어머니조차 내 활동의 정체를 파악한 건 오래되지 않았다. 몇 년 전에 이런 일이 있었다. 평소 어머니를 자주 찾아뵙지 못하던 내가 주말에 짬을 내어 부모님 댁에 들렀다. 토요일 밤에 와놓고는 일요일 아침부터 연구실 간다고 서두르는 꼴을 보시더니, 어머니는 내게 이렇게 말씀하셨다. "그 놈의 연구실은 일요일도 없냐? 도대체 돈을 얼마나 준다고." 어머니는 그때까지 내가 연구실에 나가 돈을 번다고 생각하셨던 것이다. 돈을 받기는커녕 내고 다닌다는 말에, 당장 하시는 말씀이 "그 짓을 왜 하느냐"는 거였다.

지금은 대강 알고 계시지만, 그때 어머니 눈엔 돈 받는 연구실도 돈 내는 아들도 다 정상이 아니었다. 어떻게 해서든 아들을 이해해보려고 어머니가 내린 결론은 그곳 사람들이 똑똑하고 마음씨 좋아 돈 내도 아깝지 않은 곳인가 보다 하는 정도였다. 하지만 살 궁리를 해야 한다는 어머니에게 이게 바로 살 궁리라는 걸 납득시키는 일은 쉽지 않았다.

　자본주의 사회에서야 '잘 사는 것'과 '돈 많이 버는 것'이 똑같은 말이지만, '돈 많이 안 벌고도 잘 살 수 있는 길'을 찾아야겠다는 게 내 생각이다. 지금 내가 벌고 있는 돈으로는 우리 세 식구는커녕 나 하나 건사하기도 쉽지 않다. 얼마 되지도 않으면서 불규칙하기까지 한 원고료와 강연 수익에 기대고 사는 건 어머니 말처럼 '정신 나간 짓'임에 틀림없다. 그럼에도 불구하고 내 꿈이 아주 황당한 건 아니다. 어떤 점에서는 현실과 상당히 가까워졌다. 내가 '돈까지 내면서' 다니는 연구실 덕분이다.

　나는 버는 돈의 상당 부분을 연구실에 낸다. 정확히 말하자면 돈을 낸다기보다는 쓴다. 매월 회비도 내고 먹고 마시는 데도 쓴다. 그런데 동료들이 만들어주는 밥과 음료는 터무니없이 싸다. 가령 밥 한 끼가 천팔백 원이다. 나는 매끼 천팔백 원을 내지만 이것은 쓰는 게 아니라 버는 것이다. 만약 이 밥을 먹을 수 없다면 나는 주변에서 사천 원을 내고 사먹어야 한다. 밥만 그런 게 아니라 연구실에서 얻을 수 있는 물건이나 서비스가 모두 그렇다. 게다가 영화, 음악, 만화, 탁구, 요가 등을 거의 무상으로 누리고, 바자 코너엔 좋은 옷들이 계속 들어온다. 이 모든 것을 누리기 위해 내가 하는 일이라곤 그런 동료들 중의 한 명이 되는 것뿐이다.

　언젠가 고액연봉을 받는 대학친구가 놀러온 적이 있는데 그가 혀를 내두르며 이렇게 말했다. "내 돈과 네 돈은 힘이 다른 것 같다."

내 삶이 아주 적은 돈으로도 너끈히 받쳐지고 있는 걸 두고 한 말이다. 하지만 엄밀히 말해 내가 그 돈으로 연구실에서 제공되는 서비스를 사는 건 아니다. 동료들 중 누구도 그것을 팔지 않기 때문이다. 여기선 뜨거운 지식, 따뜻한 밥, 시원한 웃음을 돈 없이 얻을 수 있지만 돈 주고 살 수는 없다.

그럼 내가 낸 돈들은 어디로 가는가. 연구실 안에선 행세를 못하고 맴돌다, 임대료·먹을거리·공과금 등 바깥 사람들에게 흘러간다. 서양 속담에 '돈과 친구 중 하나만 가질 수 있다'는 말이 있는데, 친구의 선물이 들어오면 정말 돈의 자리가 없어진다. 요즘 연구실에 쌀과 야채를 보내오는 분들 때문에 먹을거리에 붙어 있던 돈들이 엄청 줄었다. 주방의 칠판에는 지금도 이번 주에 들어온 선물들의 목록과 사연이 길게 적혀 있다.

어떤 친구는 내가 대단한 운동을 벌이고 있다고 추켜세운다. 뭘 모르고 하는 말이다. 이건 무슨 신념으로 하는 운동이 아니다. 세상 사람들 모두가 그렇듯이 나 역시 어떡해서든 살 궁리를 찾는 것뿐이다. 직업을 구하지 못한 다른 박사들처럼 학기 중에 시간강의를 몇 탕씩 뛰고, 이른바 '시즌'에 논술학원에 가서 한 몫 받을 수도 있겠지만, 그러지 않고 살 길을 찾아보려는 것이다. 가난한 연구자에게 공부와 생계 중 하나만 택할 것을 강요하는 사회에서 공부로 살아가고 삶으로 공부하는 길을 찾을 수는 없을까. 연구실에서의 삶이란 그런 궁리의 산물이다.

몇 년 전 연구실 근처에 회원들이 잘 수 있는 집도 그렇게 생겼다. 논문을 쓰던 중이라 연구실 가까이에 숙소를 구하던 나는 잠시 고시원 생활을 했었다. 고시 공부가 아니라 값싼 잠자리가 필요한 사람들이 찾는 그런 고시원이었다. 한 사람 누우면 꽉 차는 방이었는데도 한 달에 15만 원을 받았다. 코뮌의 힘이란 게 이런 것일까. 혼자서는 풀 수 없던 문제가 몇 사람이 모이니 쉽게 풀렸다. 일곱 명이 모여 자취나 하숙, 교통비로 드는 돈을 모으기로 했다. 한 달에 10만 원씩 월세를 내기로 하니 넓고 쾌적한 집을 구할 수가 있었다. 우리는 그 집을 연구실의 다른 사람들에게도 개방했다. 낮엔 세미나실과 휴식처로, 밤엔 야간 작업하는 사람들의 잠자리로, 외국 손님에겐 게스트하우스로. 내 소망은 내가 원했던 것보다 훨씬 훌륭한 형태로 실현되었다.

머칠 전에는 꿈에도 그리던 육아실이 연구실에 마련되었다. 예전엔 미혼자들이 많았던 탓에 별 생각이 없었는데, 하나둘씩 결혼하고 아기를 낳다보니 문제가 닥쳤다. 공부는 해야겠는데 아이 볼 사람을 구하기는 어렵고, 연구실에 간혹 아이를 데리고 와도 마땅히 머물 데가 없었다. 궁하면 통한다고 이번에 연구실 이사를 하면서 육아실 공간이 하나 생겼다. 물론 그렇다고 육아 문제가 해결된 건 아니다. 이제 겨우 한 발을 내딛었을 뿐이다. 어떻든 내 어린 딸에게 연구실은 자기를 반겨주는 많은 이모와 삼촌들이 있는 곳이 되었다.

결국에 '나 잘났다'는 이야기를 하려는 게 아니다. 하고 싶은 말은 단 하나, 우리 모두 '돈 없이 살 궁리 좀 해보자'는 것이다. 물론 이 말이 불러올 오해를 짐작한다. 우리나라처럼 복지가 엉망인 사회에서 최저 생계비도 못 받은 채 어렵게 살아가는 사람들이 얼마나 많은가.

'돈 없이 살 궁리'를 하자고 하면 '돈 없어 죽겠다'는 사람들의 진실이 가려지지나 않을까 걱정도 된다.

그러나 내가 국가나 기업이 마땅히 내놓아야 할 돈을 줄여주기 위해, '돈 없이 살 궁리'를 말하는 건 아니다. 오히려 그런 돈일수록 악착같이 받아내야 한다. 내가 정작 말하고 싶은 것은 돈과 관련된 우리 삶의 도착적인 현실이다. 집 장만 한답시고 인생을 대출이자와 바꾸고, 연구비 없어 공부를 접고, 대관료 없어 작품을 묵히고, 돈 없어 공연을 못 보는 이상한 현실 말이다. 일부는 고립된 채로 잘 살고 다수는 가난한 채로 고립되어 있는 이 이상한 현실을 어떻게 바꿀 것인가.

나는 더 많은 임금과 더 많은 복지 수당을 요구하는 것 못지않게 돈에 더 적게 의존하는 삶을 창안하는 게 중요하다고 생각한다. 돈으로 살 길을 찾는 사람이 많을수록 세상은 돈 있는 사람만 살 수 있게 된다. 모든 사람이 돈에 매달린다면 돈 많은 사람이 그만큼 더 큰 권력을 갖게 되어 있다. '웰빙' 조차 돈으로 사야 하는 현실에선 돈 있는 사람만 '웰빙' 하게 되어 있다. 그래서 돈 벌어 살 궁리만큼이나 돈 없이 살 궁리도 중요한 것이다. 돈만 가진 사람과 돈만 없는 사람. 누가 부자인지는 결국 우리 살 궁리에 달려 있다. 개인적 바람은 당연히 온 세상이 돈만 없는 부자들로 가득 차는 것이다.

수록 글 출처

1부 책 속으로
「자유」 2005년 2월 26일 『중앙일보』 / 「행복」 2005년 1월 29일 『중앙일보』
「도덕」 2005년 3월 『월간 사과나무』 / 「기억」 2005년 12월 『월간 사과나무』
「역사」 2006년 8월 『월간 사과나무』 / 「사실」 2005년 7월 『월간 사과나무』
「기술」 2005년 4월 『월간 사과나무』 / 「화폐」 2005년 11월 『월간 사과나무』
「사회」 2005년 8월 『월간 사과나무』 / 「국가」 2005년 4월 30일 『중앙일보』

2부 세상 속으로
「최옥란을 기억하며」 2003년 12월 1일 『한겨레』
「문턱에 좌절하는 사람들」 2004년 4월 19일 『한겨레』
「양극화된 사회, 체감의 차이」 2003년 12월 29일 『한겨레』
「빈곤의 투쟁, 투쟁의 빈곤」 2004년 9월 6일 『한겨레』
「나는 왜 한미FTA에 반대하는가」 2006년 11월 21일 『프레시안』
「공화국 주인의 권리」 2004년 3월 20일 『한겨레』
「평민이 빚진 사회」 2004년 5월 17일 『한겨레』
「자유민주주의의 진정한 적은?」 2004년 7월 12일 『한겨레』
「보안법이 불편하지 않은 당신에게」 2004년 10월 25일 『한겨레』
「우리 마음속의 슬픈 괴물」 2004년 12월 20일 『한겨레』
「미국의 서울대, 서울의 미국대」 2005년 1월 17일 『한겨레』
「지식인, 이미지와 현실 사이에서」 2006년 7월 『월간 사과나무』
「학자와 교수」 2006년 11월 『월간 사과나무』
「김진균 선생님을 그리며」 2004년 2월 23일 『한겨레』
「유신시대의 정체성」 2004년 8월 9일 『한겨레』
「전쟁을 똑바로 보라」 2004년 11월 22일 『한겨레』
「한-일 반전인터내셔널을 구축하자」 2005년 3월 21일 『한겨레』
「적이 없는 전쟁」 2006년 4월 『월간 사과나무』
「테러리스트와 바이러스」 2006년 12월 웹진 『크로스로드』

※『고추장, 책으로 세상을 말하다』는 2003년부터 2006년까지 여러 매체에 기고한 글들과 새로 쓴 글들을 엮은 책입니다. 이 가운데 이미 발표된 글의 목록과 출처는 위와 같습니다.